JN302000

ゼロからの戦略的経理マン養成講座

安田 勝也【著】
Yasuda Katsuya

同友館

はしがき

「経理という言葉は古臭いから、うちも財務課に名前を変えました」——ある企業の経理担当課長の言葉でした。私はこの言葉を聞いて、「経理という言葉の意味、経理担当者の本当の役割を理解されていないのではないか」と不安になりました。

「決算書なんか分析したって、過去のことは何も変わらないじゃないか」——これは、私が講師を務めるセミナーや研修で聞かれる声です。過去が変わらないことは、間違いありません。しかし、決算書の分析は、過去を知ることが目的ではないのです。経営者や幹部の多くが、決算書の使い方を知らないことにも不安を感じました。

そうした不安の中で、私は「企業経営をサポートする経理マン、できれば戦略的に考える思考力を備えた戦略的経理マンを育てることが急務である」と確信しました。それが、この本を書こうと思ったきっかけです。この本によって、企業の中に戦略的経理マンが育ち、経営者を支え、理想的なビジョンに進んでいく。そうした企業が世の中にあふれることが、私の夢なのです。

大手・中堅企業においては経理担当の管理職、中小企業においては経営者、またはその奥さんであることが多い経理の主担当者。これらの方々に知っておいてほしい内容をまとめました。初学者でも理解できるよう、入門的な内容から説明しています。

しかし、本書は経理や会計の入門書ではありません。経理の役割は、経営をサポートすることです。本書で得た知識を使い、戦略的経理マンとして、経営のサポート役となってほしいと強く願っています。

この本の出版に当たり、さまざまなアドバイスをいただいた株式会

社同友館の神田氏、その神田氏との出会いを与えていただいた株式会社あたぼうの佐川氏、執筆にあたり多くの励ましの言葉をいただいた大阪府中小企業家同友会の経営者仲間の皆さん、そして、一番身近なところで支えてくれた家族に深く感謝します。

2014年6月

安田コンサルティング代表
安田　勝也

目次

はしがき　i

序章　戦略的経理マンとは ……………………………………… 1

1. 経理の仕事とは何か　2
2. 戦略的経理マンと教科書的経理マンの違い　2
   - (1)「利益＝売上－費用」から何を読み取るか　2
   - (2) 戦略的経理マンに必要な武器は何か　3

第1章　会計を直感で把握する ………………………………… 5

1. 直感で把握するためのバスタブの図　6
   - (1) 売上　7
   - (2) 費用　8
   - (3) 黒字か赤字か　8
2. 企業経営に一番必要なこと　10
   - (1) 売上至上主義　10
   - (2) 利益至上主義　10
   - (3) 現金至上主義　11
3. 借入と返済　12
4. 資産の状況　13
5. 売掛金の回収　14
6. 商品や設備の購入　15
7. 現金至上主義の限界　19

第 2 章　決算書の基礎知識と戦略的経理マンに必要な読み方 ……………………………………… 21

1. 損益計算書　22
    (1) 売上総利益　23
    (2) 営業利益　27
    (3) 経常利益　30
    (4) 当期利益　30
2. 貸借対照表　30
    (1) 調達と運用　31
    (2) 売上債権と仕入債務　32
    (3) 商品　33
    (4) 機械設備など　34
    (5) 借入金　35
    (6) 利益剰余金　35
    (7) 流動資産と固定資産　36
    (8) 流動負債と固定負債、純資産　36
3. キャッシュ・フロー計算書　37
    (1) キャッシュ・フロー計算書の構造　37
    (2) 営業活動によるキャッシュ・フロー　39
    (3) 投資活動によるキャッシュ・フロー　40
    (4) 財務活動によるキャッシュ・フロー　41
4. 試算表の活用　41
5. 戦略的経理マンに必要な決算書の読み方　43
    (1) 額は多いのか少ないのか　43
    (2) 去年と比べてどうなのか　44
    (3) 何に使ったのか　44

第 3 章　ボックス決算書でわかる企業の状態 ……………………… 45

1. 決算書をボックス図で表す　46
   - （1）損益計算書　46
   - （2）貸借対照表　49
   - （3）キャッシュ・フロー計算書　57
2. 経営活動と数字の流れ　59
   - （1）3つの決算書は連動している　59
   - （2）経営活動と数字の流れの例　60

第 4 章　戦略的経理マンに必要な情報リテラシーと財務分析 … 67

1. 情報リテラシー　68
   - （1）情報収集能力　68
   - （2）情報分析能力　70
   - （3）意思決定能力　70
2. 財務分析　72
   - （1）分析分野の一覧　72
   - （2）どこから始めるか　72
   - （3）収益性と効率性の掛け算　73
   - （4）収益性の分析　75
   - （5）効率性の分析　81
   - （6）生産性と付加価値の分析　91
   - （7）安全性の分析　97
   - （8）業界平均との比較　100

第 5 章　戦略的経理マンのための損益分岐点分析と使い方 … 101

1. 損益分岐点の考え方　102
   - （1）簡単なたとえ話から　102

(2) 用語と公式　　103

2. コストダウンは固定費、変動費のどちらから　　106

3. 戦略的経理マンとしての損益分岐点の活用　　108

第 6 章　企業経営のサポート役になるために …………………… 111

1. 経営理念とビジョン・方針・計画　　112

　　　(1) 経営理念　　112

　　　(2) ビジョン　　114

　　　(3) 経営方針　　116

　　　(4) 強みと外部環境　　116

　　　(5) 経営計画　　121

2. 方針と投資戦略　　132

3. 利益と投資のスパイラル　　133

　　　(1) 利益　　133

　　　(2) 投資と競争力強化　　134

　　　(3) 付加価値増大　　134

　　　(4) スパイラルはどこへ向かうのか　　135

第 7 章　キャッシュ・フロー経営と簡易キャッシュ・フロー
　　　　　計算書の作成 ……………………………………………… 137

1. キャッシュ・フロー経営とは　　138

　　　(1) キャッシュ・フロー経営で投資に必要なキャッシュを確保
　　　　　する　　138

　　　(2) 利益とキャッシュの違い　　139

　　　(3) 企業活動と利益、キャッシュの増減　　139

2. 簡易キャッシュ・フロー計算書の作成　　144

　　　(1) 会計ソフトの活用　　144

　　　(2) 会計士・税理士へ依頼　　144

(3) 自分で作成　144
  3. キャッシュ・フローの分析　149
    (1) フリー・キャッシュ・フロー　150
    (2) キャッシュ・フロー・マージン　150
  4. キャッシュ・フロー改善のポイント　151
    (1) 売上債権の減少　151
    (2) 棚卸資産（在庫）の減少　151
    (3) 固定資産の減少　152
    (4) 減価償却費の増加　152
    (5) 仕入債務の増加　152
    (6) 負債の増加　152
    (7) 資本の増加　153
    (8) 利益の増加　153
  5. 資金調達　153
    (1) 運転資金　153
    (2) 資金繰り管理　155
    (3) 設備資金　159
    (4) 社債という選択肢　160

終章　まとめ——戦略的経理マンからの提案書　161

  1. 戦略的経理マンからの提案書　162
    (1) 提案書を作るうえでの注意事項　162
    (2) 月次提案書　163
    (3) 年次提案書　168
  2. 最後に　168

序章

戦略的経理マンとは

> この本を手に取っていただいた皆さんに目指してほしいのは、「戦略的経理マン」です。経理担当者の役割として、一番大切なのは何でしょうか。この章では、経理という仕事の原点に返って、戦略的経理マンについて説明します。

1. 経理の仕事とは何か

　経理の仕事を行ううえで、大切なことは何でしょうか。会計の専門知識でしょうか。決算をきちんと行えることでしょうか。もちろん、そうした知識や経験もある程度必要ですが、そうしたことは、記帳代行サービスや税理士が代わりにやってくれます。すなわち、代役がいるということです。

　経理の「理」の字には、「整える」という意味があり、経理の役割は「経営を整える」ことにあります。企業が経営理念を追求し、永続性を確保するために、その進むべき道を整える役割を担うのが、戦略的経理マンの仕事です。会計的な知識も必要ですが、それ以上に必要なのは、自社のこれからの方向性や現状を把握し、経営者の舵取りをサポートする力なのです。

2. 戦略的経理マンと教科書的経理マンの違い

　戦略的経理マンに対して、教科書などで得た知識ばかりを振りかざす人のことを「教科書的経理マン」と呼んで対比してみましょう。

(1) 「利益＝売上－費用」から何を読み取るか

　教科書的経理マンがこの式を見たら、「売上を伸ばしましょう。その一方で、費用を抑えるためにコストダウンをどんどん進めていきましょう」となります。では、実際に売上を伸ばす方策を思い浮かべてみてください。

> 営業マンを増やす、ネットショップを開く、新商品を開発する、販売店を増やす…

このように、いろいろな方策が浮かびます。どれも、売上を増やす効果がありそうです。しかし、それぞれのアイデアには、人件費、ネットショップの構築費用、開発費、店舗の家賃といった新たなコストがかかります。新しいことをするためには、必ずお金が必要なのです。「売上を伸ばしながら費用は抑える」は矛盾しているわけです。戦略的経理マンであれば、「効果のある方策にどんどん費用をかけて、それ以上の売上で回収しましょう」と実践的になるわけです。

● 教科書的経理マンの考え方：「売上を伸ばしながら、コストは抑えよう！」
　…机上の空論で、実現は不可能

$$利益 = 売上\nearrow - 費用\searrow$$

● 戦略的経理マンの考え方：「効果のある方策に費用をかけて、売上で回収しよう！」…実務を熟知した実践的な考え

$$利益 = 売上\uparrow - 費用\nearrow$$

（2）戦略的経理マンに必要な武器は何か

　財務分析について説明している教科書は、山のようにあります。本書にも、財務分析についての記述があります。では、戦略的経理マンと教科書的経理マンの違いは何でしょうか。

① 教科書片手に財務指標の計算に忙しい教科書的経理マン

　財務分析では、さまざまな分析のための指標が登場します。それらを、財務指標と呼びます。教科書的経理マンは、その計算の仕方を学び、決算書に表された数字をもとにすぐ計算を始めてしまうのです。

　計算が終わったらこうです。

「うちの会社は、固定資産回転率が悪いな…なになに、教科書には『遊休資産の売却』と書いてあるな。社長、遊休資産の売却です。売却っ！」

これは少し極端な例ですが、実は褒めるべきことが１つあります。それは、計算するだけで終わらなかったこと。良いか悪いかは別にして、社長に提言していることは、とても評価できます。

② 戦略的経理マンは、決算書と経営計画書を武器にする

決算書に書いてあることは、過去の記録です。その記録をもとに未来の予測を立てることが、財務分析の一番の目的です。教科書的経理マンの問題点は、未来の予測を教科書だけに頼ったことです。

社内には、未来のことが書かれた書類があります。それが、経営計画書です。財務分析など行わなくても、すでに未来についての構想が書かれている書類があるのです。戦略的経理マンは、この構想を現実のものにするために財務分析を行います。決算書の数値を使い、経営計画書に記された項目と照らし合わせて分析を行うのです。自社の将来構想を知らなければ、戦略的経理マンになることはできません。

それでは、いよいよ次章から、戦略的経理マンになるために必要な知識やノウハウ、考え方などを解説していきます。戦略的経理マンは、これからの企業経営になくてはならない存在なのです。皆さんが自社の戦略的経理マンとなり、企業を発展させる力となることを私は願っています。

第 **1** 章

会計を直感で把握する

戦略的経理マンになるためには、会計について理解することがもちろん大切ですが、会計士や税理士のように専門的な内容までの理解は不要です。また、日々の帳簿付け、会計ソフトへの入力などに必要な簿記の知識も不要です。大切なのは、今の自社の状態を把握し、正しい判断をスピーディに行うことなのです。
　判断に必要な情報の収集には、正確さよりもスピードを重視しましょう。そして、人間の感覚で何よりスピードが速いのが直感。見ただけでわかるということです。本書では、この「見ただけでわかる」というところに重点を置いています。
　それでは、会計を直感で理解していきましょう。

1．直感で把握するためのバスタブの図

　この章では、会計というものを直感で捉えていただくため、1つの図を用意しました。図1-1を見てください。この図は、お風呂のバスタブです。

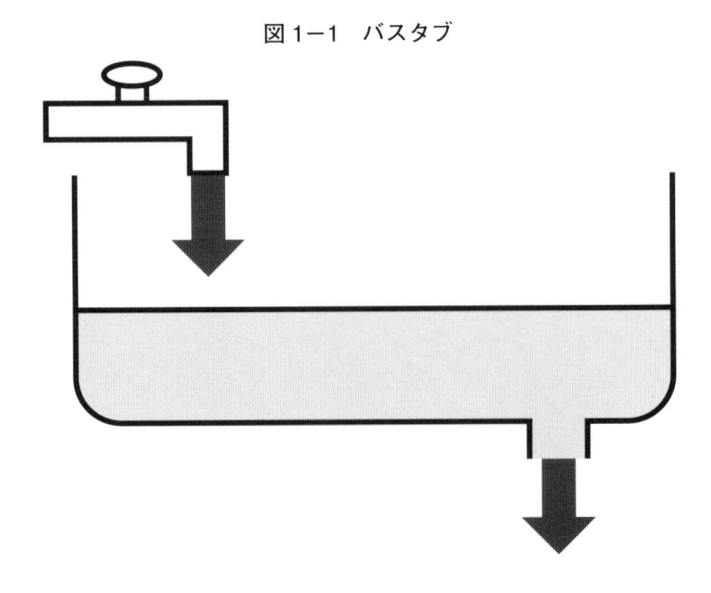

図1-1　バスタブ

蛇口からは水が出ていて、バスタブに溜まっていきます。その一方で、バスタブの底には排水口の穴が開いていて、そこから水が流れ出ていきます。蛇口からバスタブに水が入っていきますが、排水口からどんどん水が流れ出ていきますので、水かさはなかなか増えていきません。

この図を使って、企業で起こるさまざまな会計の現象を表現していきましょう。

(1) 売上

まずは、売上のことを考えます。図1-2を見てください。蛇口から水が注がれています。その水によって、水かさがアップしていきます。蛇口からの水が勢いよく出ればたくさん水が溜まり、勢いが弱ければあまり溜まりません。ある一定の時間にどれだけ水かさがアップするかは、水の出る勢いによって決まります。

一定の時間を1ヵ月と考えれば、水かさは月商、すなわち1ヵ月の売上を示し、1年と考えれば年商、1年間の売上高ということになります。蛇口からの水は絶え間なく注がれるわけですから、時間を区切ることでその量を把握するわけです。

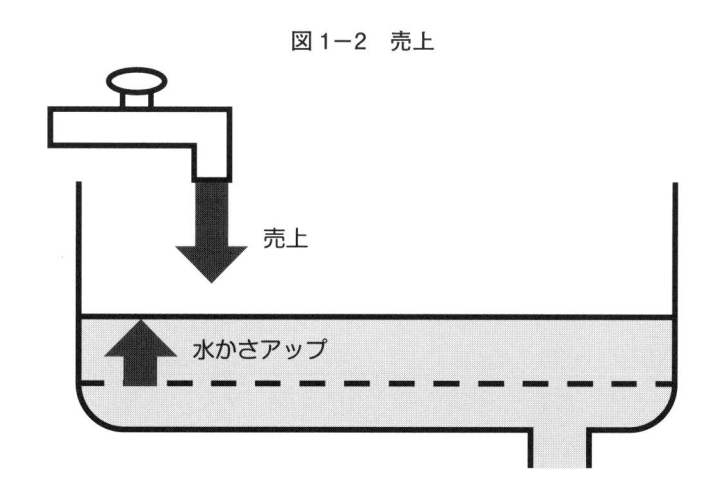

図1-2 売上

図1-3 費用

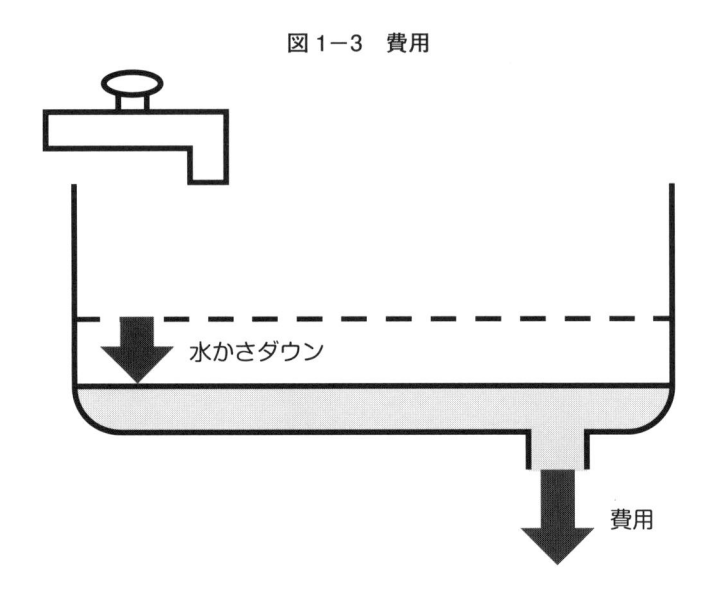

（2）費用

　次は、費用を使うことを考えます。図1-3を見てください。排水口には蓋がされておらず、水が流れ出ていきます。それによって、水かさが減っていきます。排水口から流れ出る水の勢いが強ければ、どんどん水かさが減ります。弱ければ、下がるスピードは遅くなります。売上のときと同じように、1ヵ月や1年で区切って排水口から流れ出た水の量を把握します。

（3）黒字か赤字か

　企業が黒字か赤字かを決める際には、売上から費用を引いて計算をします。

$$利益（損失）＝ 売上 － 費用$$

　売上が費用を上回ればその答えはプラスであり、利益が出たことになります。下回ればマイナスで、損失が生じたということです。ただし、売上や費用を把握するためには、前述したように期間を決めなければなりません。1ヵ月であれば月次での結果、1年であれば決算での結果です。

この利益と損失、2つの現象を図で表すと、図1−4、1−5のようになります。

図1−4　利益が出ている状態

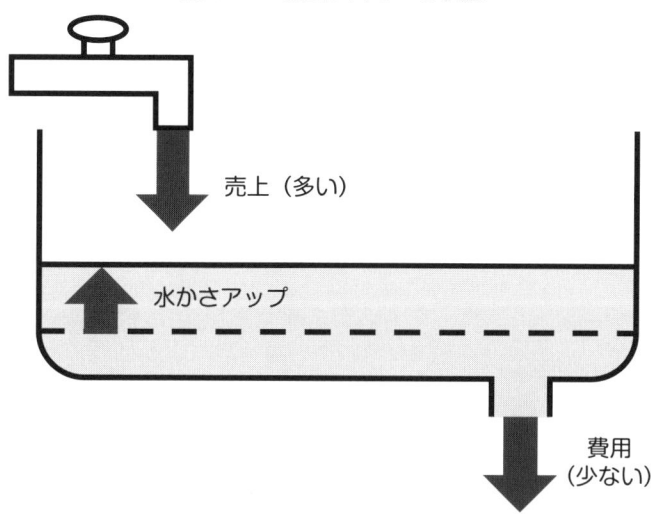

売上（多い）

水かさアップ

費用（少ない）

図1−5　損失が発生している状態

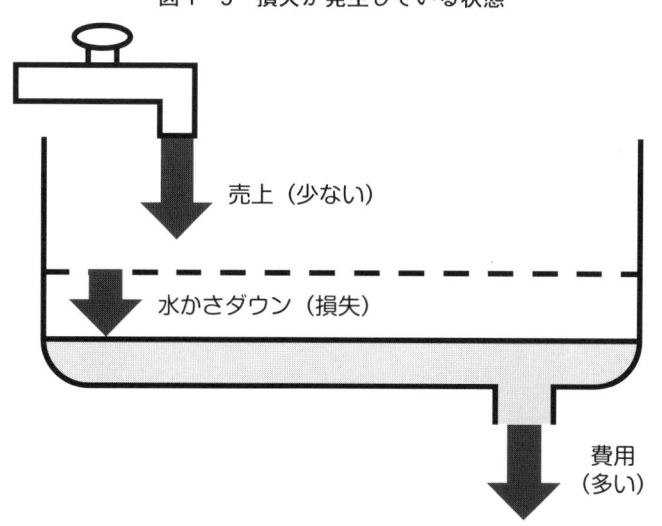

売上（少ない）

水かさダウン（損失）

費用（多い）

2. 企業経営に一番必要なこと

　ここまで、バスタブの図を使って、売上と費用、そしてその差額である利益や損失について見てきましたが、この図の中に、企業経営上、最も重視すべきことが含まれています。それは、何でしょうか。

　実は、この「重視すべきこと」というのは、時代とともに移り変わってきています。

(1) 売上至上主義

　まずは、売上が最も重視されていた時代です。作れば売れる、売れれば儲かるといった、日本経済がどんどん成長していた時代です。この時代は、物流があまり発達しておらず、インターネットももちろんありません。1つの企業が商売をするエリア（商圏）は狭く、そのエリア内にライバル会社はあまり多くありませんでした。そのため、競争が起こらず、自社が扱う商材に自由に値段をつけることができました。すなわち、しっかりと利益を確保できたのです。そうした時代では、売上をしっかりとあげていれば利益は後からついてきたのです。

(2) 利益至上主義

　しかし、経済の発展に伴い、物流のインフラも整い、企業の商圏はどんどん広がっていきました。これまでとは異なり、企業同士の商圏が重なり合う部分が多くなってきたのです。物流などの発達により、消費者はより便利なものをより安く調達できるようになりました。企業は、商圏の重なる同業他社より便利なものを安く提供する必要が出てきたのです。こうなると、値段はライバルのものも考慮しなければならず、いかに値段を下げるかという競争となります。

　値段が下がれば、利益が減ることになります。うっかりすると赤字になりかねませんから、利益が出ているかをしっかりと把握する必要が出てきたのです。製造業を中心に、どれだけ原価がかかっているかを把握する原価管理が発達してきたのもこの時代です。

(3) 現金至上主義

　こうして原価管理の手法も取り入れ、企業はしっかりと利益確保のための管理を行うようになってきました。コンピュータも身近なものとなり、会計ソフトが比較的安価に導入できるようになってきました。売上や利益の把握も、簡単にできるようになったのです。

　しかしながら、ちょうどそのころ、「黒字倒産」という言葉がよく聞かれるようになってきました。売上や利益をしっかり確保していたにもかかわらず、倒産してしまう企業がたくさんあったのです。

　倒産とは、会社経営が成り立たなくなって破綻した状態といえますが、具体的には、支払うべきものが支払えなくなった状態です。皆さんは普段の生活において、人に借金をしていて返済期限が迫っている時、手元にお金がなかったらどうしますか。お勤めの方なら、「給料日になったら返済できる」と考えるでしょう。企業にとってそれは、「売上の入金があったら支払ができる」ということに近いでしょう。では、給料だけでは足りなかった場合はどうしますか。「貯金を取り崩そう」でしょう。これは、企業も同じ。それでも足りなかったらどうでしょうか。「どこからか借りてきてその場をしのごう」だと思います。借金返済のために別のところから借金をするのはよくないことですが、企業も借りてきたお金で支払おうとします。

　それでは、いろいろなところから既に借りている状態で、もう貸してくれるところがない状態ならどうでしょうか。売上をかき集めても、貯金を取り崩しても、借りられるところから全部集めたとしても支払えない状態です。これが破綻した状態で、企業の場合は倒産ということになります。厳密な定義と違って簡単にまとめていますが、直感で把握するためには、ここまでの理解で十分です。

　売上をかき集める、貯金を取り崩す、借りられるところから集める。これで足りればOK、足りなければアウト。これをバスタブの図で説明すると、もっと簡潔になります。それは、「バスタブの水がなくなればアウト」ということです。

「売上をかき集める」は、蛇口から水を絞り出すこと、「貯金を取り崩す」は、少なくなったバスタブの水を集めること、「借りられるところから集める」は、蛇口以外のところから水を足すことにあたります。

逆にいえば、バスタブの水がなくならなければ、企業は存続できるということです。では、バスタブの水とは何でしょうか。それは、企業が支払の際に使うもの、そう、現金そのもののことです。この現金至上主義の話は、資金繰り管理やキャッシュ・フロー経営につながっていきますが、いったんここで中断して、借入や返済のことをバスタブの図で説明していきましょう。

3. 借入と返済

先ほど、借入は「蛇口以外のところから水を足すこと」と説明しました。図で表現すると、図1－6のようになります。

蛇口からではなく、バケツを使ってバスタブに水を投入しています。蛇口からの水の流入がストップし、排水口から水がどんどん流れ出ている状態でも、バケツでどんどん水を足してやれば、バスタブの水が底をつくことはありません。

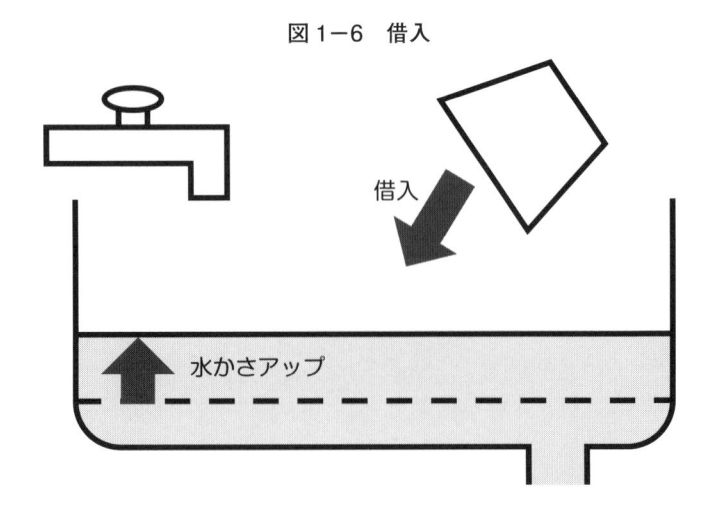

図1－6　借入

図1-7 返済

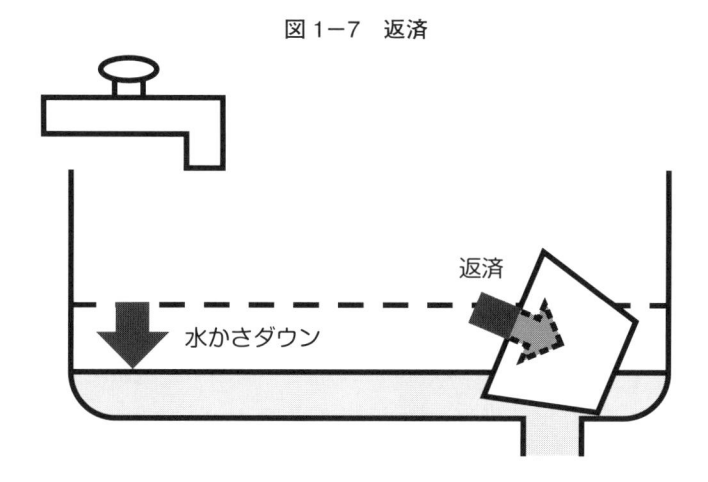

　ただし、考慮すべきことは2点あります。1つは、バケツの水は借り物であって、返済が必要であることです。図1-7を見てください。返済は、空のバケツで水を汲むことです。その分、水かさが減ります。そして、通常、借入には利子がつきますので、バケツには借りてきたときより多めに水を入れて返さなければなりません。

　もう1つは、バケツで水を借りる量には限界があるということです。借入のことを考えればわかる通り、貸す側にとっては利子も含めて返済してもらえる見込みと、何かあったときの担保や保証人が必要になってきます。

　では、「返済してもらえる見込み」とは何でしょうか。それは、バケツの水をしっかりと汲むことができる水かさのことをいいます。一時的に水かさが減っていても、返済の時期が来ればしっかりと溜まっている。それは、蛇口からしっかりと水が出て、排水口から流れ出る水は最小限に抑えられている状態です。すなわち、利益が出ている状態そのものです。

4．資産の状況

　さて、ここまで蛇口や排水口、あるいはバケツのことなど、バスタブの水の出入りのことばかりに目を向けてきました。次は、バスタブに溜まってい

図1-8 資産

全体が資産

現金 | 現金に変わるもの

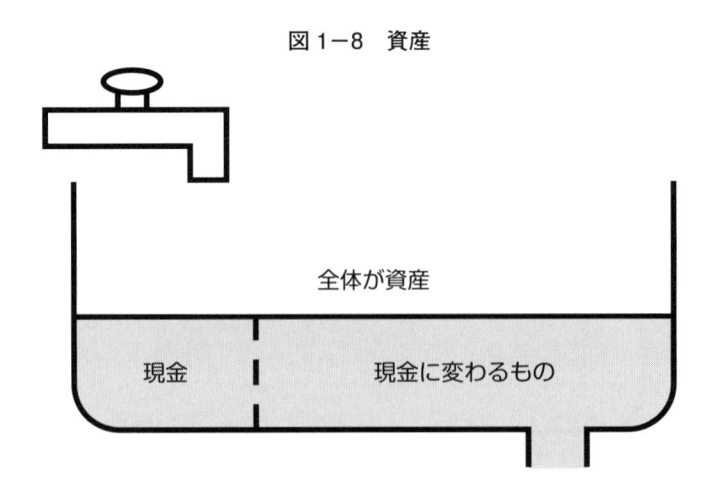

る水そのものに着目してみます。バスタブの中身は、どういった状態なのでしょうか。図1-8を見てください。

バスタブの水は、会計の上では資産といいます。売上や借入によって増え、費用を使ったり、借入の返済によって減っていきます。この資産の内訳は、現金だけではありません。少し言葉が悪いですが、現金に変わるもの、すなわち「金目のモノ」も資産に含まれます。会計の動きは、蛇口や排水口、バケツだけではありません。このバスタブの中身でも起こっているのです。

5. 売掛金の回収

バスタブの中身の動きで重要なものの1つは、売掛金の回収です。駄菓子屋や八百屋、魚屋などは、商品と現金をその場で交換しています。これを、現金商売といいます。しかし、現金商売をしている企業は、世の中では少数派です。

小売業ではない製造業や卸売業など、顧客が個人消費者ではなく企業相手の商売の場合は、現金商売ではありません。簡単に流れを説明すると、商品を顧客に引き渡した際には代金は受け取らず、その場で納品書を渡し受領書を受け取ります。この受け渡しも省略される場合があります。受領書は、そ

の商品を確かに受け取ったという証です。月末などのタイミングで、これまで受け取った受領書の分を集計して請求書を作成し顧客に渡します。

しかし、この請求書と引き換えに現金を支払うわけではありません。顧客は請求書を受け取ったら、自社の支払のタイミングを待って支払います。たとえば、月末締めの翌月末払の場合、4月にもらった請求書は4月末に締めて、5月末に支払うわけです。売る側にしてみれば、売上はあがるものの、しばらくは現金として回収できないということになります。

納品 ➡ 請求 ➡ 回収

現金として回収できない間は、図1-9のように、売り上げた分を売掛金として把握します。そして、回収できたとき、はじめて現金になるわけです。この売掛金から現金に変わる会計上の動きは、バスタブの中身だけで起こっている現象です。

売掛金の回収は、現金のときもあれば、手形のときもあります。自分が受け取った手形のことを受取手形といいますが、この手形を受け取っても、定められた期日でなければ現金化できません。期日前に現金化しようとすると、利息の分を差し引かれた金額しか受け取ることができません。これを、割引手形といいます。手形は通常、発効日から1ヵ月先、3ヵ月先といった期日が支払期日となっており、現金化できるまでの期間はさらに長期化することになります。

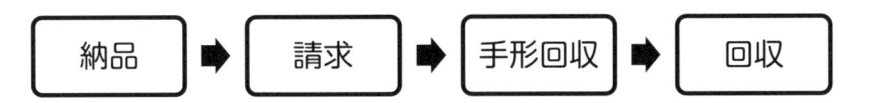

納品 ➡ 請求 ➡ 手形回収 ➡ 回収

6. 商品や設備の購入

売掛金の回収の次は、商品や設備の購入です。購入にはお金を使いますから、「排水口から出ていくもの」と考えがちですが、実は違います。排水口

図1-9　売掛金の回収

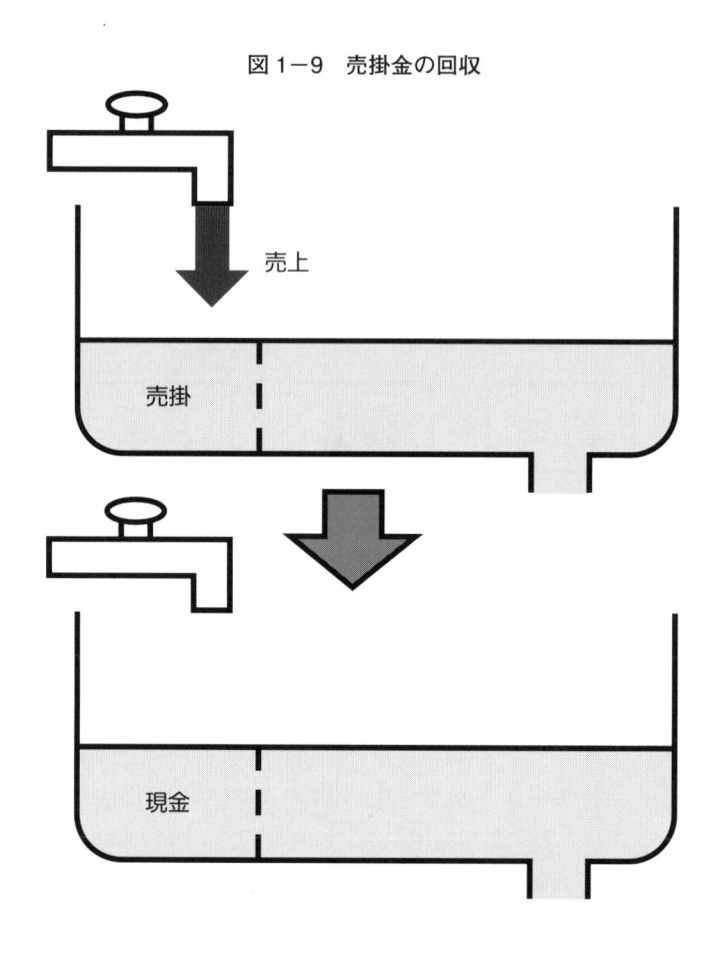

から出ていくもの、すなわち費用は、消費したものに要したお金のことです。商品の購入には確かにお金を使いましたが、商品そのものが手元にあるので、消費したわけではありません。商品は、資産として残っているわけです。ですから、図1-10のように、バスタブの中身だけで起こっている変化といえます。設備に関しても同じで、現金が設備に変わっただけです。

　ちなみに、商品代金の支払では、売掛金の回収と逆のことが起こります。商品と代金支払が同時に起こる場合を現金仕入といいますが、通常は現金仕入ではなく、掛け仕入と呼ばれる方法を取ります。

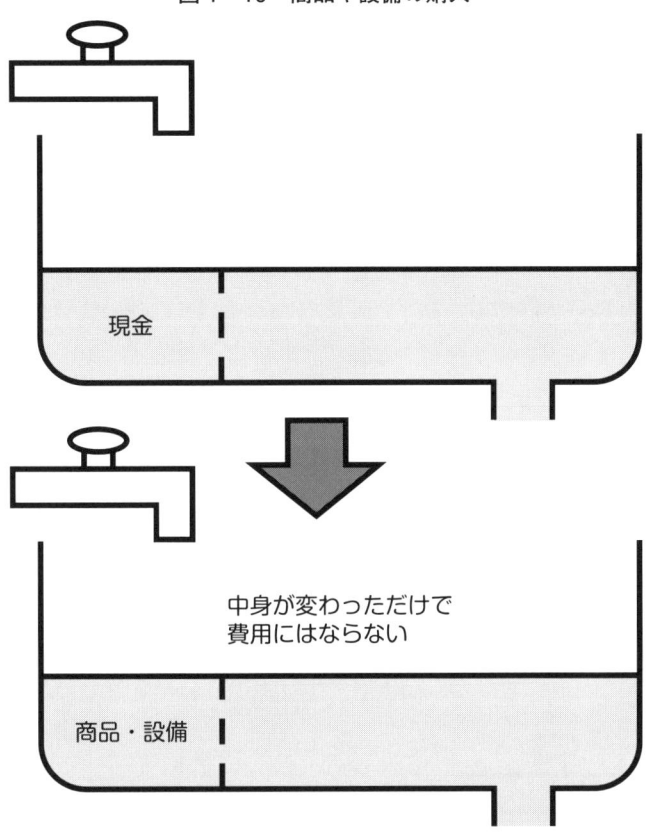

図1−10　商品や設備の購入

　まず、仕入先に商品を発注します。仕入先は、納品書と一緒に商品を届けてくれます。そのとき、受領書にサインをして渡します。月末になると、その月に仕入れた分をまとめた請求書が届きます。そして、自社の支払ルールに基づいて支払います。月末締め翌月末払の場合は、翌月の末日に支払うわけです。

納品 ➡ 請求 ➡ 支払

支払については、現金や振込以外に、手形を発行することもあります。手形は、発行しても支払期日までは支払わないわけですから、バスタブの現金を減らさずにすみます。

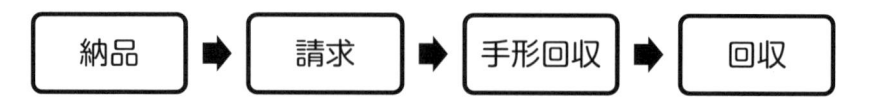

```
納品 ➡ 請求 ➡ 手形回収 ➡ 回収
```

　設備の場合は、購入ではなくリースを活用することもあります。リースでは、契約上設備を借りていることになっており、その分の代金をリース料として支払います。そのサービスは消費されて手元に残っていないので、設備を借りた分の支払は、費用ということになります。
　ちなみに、設備の購入はバスタブの中身だけで起こった変化となりますが、その後年月が経つにつれて設備が老朽化し、資産価値が減少していきます。図1-11のように、設備の一部分が継続的に排水口から流れ出て、目減りしていると考えてください。この現象のことを、会計上では減価償却といいます。

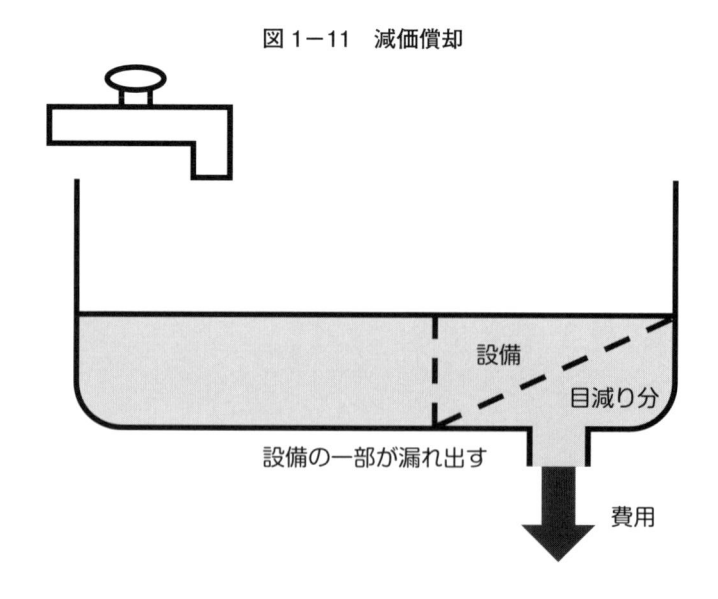

図1-11　減価償却

7．現金至上主義の限界

　ここで、先ほど中断した現金至上主義の話の続きです。現金さえ絶やさなければ、企業は存続できるといいました。そのためには、現金のインプット（収入）とアウトプット（支出）を管理する必要があります。企業の中で起こることが現金収支に与える影響を、正しく把握しなければなりません。そうした現金の流れを、キャッシュ・フローと呼びます。キャッシュ・フローについては、第7章で詳しく説明します。

　ものを作ったり仕入れたりして販売する、一見単純なこの商売の基本が、どんどん複雑化してきています。売上代金の決済にしても、現金商売から掛け売り、クレジットカードや電子マネーなど、さまざまです。原材料や商品の仕入についても、以前は売れる分だけ仕入れればよかったのですが、今では投資の対象となり、価格が絶え間なく変動するようなものも出てきました。そうすると、安い時に大量に仕入れておこうと考える人も出てきます。価格変動のリスクを回避する代わりに、在庫という別のリスクを負うのです。インターネットの普及などにより、流行が目まぐるしく移り変わるようになりました。それは、大量に仕入れた在庫が売れ残るリスクが高くなることを示しています。一言で「現金を絶やさないように」といっても、さまざまな要因が複雑に絡み合っているため、正しい経営判断が難しくなってきています。

　この章では、会計を直感で把握するために、基本的な会計の現象をバスタブの図を使って説明しました。次の章では、いよいよ決算書が登場します。決算書の基礎知識と、戦略的経理マンに必要な読み方について解説していきます。

第2章

決算書の基礎知識と戦略的経理マンに必要な読み方

> この章では、決算書について基礎的な事柄から説明します。戦略的経理マンにとって、決算書は作ることよりも読むことの方が大切です。「決算書を読む」とは、どういうことでしょうか。「読む」には「理解する」という意味と、「将来を推測する」という意味があります。決算書はもちろん過去の記録ですから、「理解する」とはすなわち、「過去を理解する」という意味です。
>
> 過去の理解と将来の推測、過去から未来へ連綿と続く経営の中で、決算書という情報から読み取れるものは本当にたくさんあります。その第一歩として、決算書を理解するところから始めていきましょう。

1. 損益計算書

損益計算書は、英語名の「Profit and Loss Statement」から、P/Lと省略されることがあります。「売上」、「費用」、「利益」という3つの関係を示したものです。

$$売上 - 費用 = 利益$$

そうであれば、損益計算書は、売上、費用、利益の3行ですむはずですが、収益構造をより理解するために、いくつかの段階に分けて利益を表しています。図2-1に、損益計算書の例を紹介しています。わかりやすくするため、金額の単位は省略しました。

損益計算書に登場する利益の中で重要なものは、「売上総利益」、「営業利益」、「経常利益」、「当期利益」の4つです。そこで、これら4つの利益について説明していきます。

図2-1 損益計算書の例
損益計算書
（01年4月1日～02年3月31日）

売　　　上　　　高	360,000
売　　上　　原　　価	200,000
売　上　総　利　益	160,000
販売費及び一般管理費	120,000
営　　業　　利　　益	40,000
営　業　外　収　益	1,000
営　業　外　費　用	28,000
経　　常　　利　　益	13,000
特　　別　　利　　益	400
特　　別　　損　　失	800
税引前当期純利益	12,600
法　人　税　等　充　当　額	4,000
当　　期　　純　　利　　益	8,600

（1）売上総利益

　売上から製品や商品・サービスに直接かかった費用である売上原価を除いた利益を、売上総利益といいます。皆さんの会社では、「粗利」と呼んでいるかもしれません。

$$売上 － 売上原価 ＝ 売上総利益$$

　ここでは、売上と売上原価について、戦略的経理マンにぜひ押さえておいてほしいことに触れておきます。

① 売上

　売上を伸ばす方策について考えてみると、さまざまなアイデアが浮かびます。「お客様を新規に開拓する」、「営業マンを増やす」、「割引セールをする」、「新商品を開発する」、「リピーターを増やす」、「接客マナーを向上させる」

など。会議などでアイデアを募っても、たくさんありすぎて収拾がつかず、まとめることに苦労します。その際におすすめなのが、「掛け算で考える」ことです。下の図式を見てください。

$$売上 = 単価 \times 数量$$

今さら説明するまでもないような簡単な図式ですが、頭の中を整理するには、これぐらい簡単な図式の方がいいのです。売上は単価と数量の掛け算ですから、売上を増やすためには、単価を上げるか数量を増やす方法を考えればいいわけです。先の例にあげたアイデアは、単価と数量のどちらに貢献するものなのでしょうか。図2-2にまとめてみました。

このように、数量を増やす方策ばかりだったとわかります。そこで会議などでは、「次に、単価を上げる方策を考えてください」と投げかけて、「5,000円以上は送料無料にする」とか「2つ目は10％引きにする」といったアイデアを引き出せばいいわけです。

売上のうち、数量はさらに掛け算に分けることができます。

$$数量 = 見込客数 \times 成約率$$

数量は、見込客数と成約率の掛け算といえます。この考え方によれば、数

図2-2 単価と数量のどちらに寄与するか

アイデア	単価か数量か
お客様を新規に開拓する	数量
営業マンを増やす	数量
新商品を開拓する	数量
リピーターを増やす	数量
接客マナーを向上させる	数量

図2-3　見込客数と成約率のどちらに寄与するか

アイデア	見込客数か成約率か
お客様を新規に開拓する	見込客数
営業マンを増やす	見込客数
新商品を開拓する	成約率
リピーターを増やす	成約率
接客マナーを向上させる	成約率

図2-4　ネットショップの販売数増加のアイデア

	見込客数を増やすアイデア	成約率を高めるアイデア
1	検索エンジン対策（SEO）を行う	ネットショップのデザインを洗練する
2	キーワード連動型のインターネット広告を行う	クレジットカード決済やコンビニ決済など、決済方法を増やす
3	フリーペーパーなどにショップのURLを掲載する	商品説明や写真を充実させる

　量を増やす方策をさらに分類することができます。図2-3を見てください。
　多くの会社が運営しているネットショップでも、この考え方は有効です。ネットショップの場合、販売数量を伸ばすアイデアを、見込客数と成約率の2つに分けて出し合えば、図2-4のようなものが出てくるでしょう。
　このように、売上を増やす方策は、掛け算で分けて考えるとより具体的に深く考えることができます。

② 売上原価

　先ほど、売上原価について、「製品や商品・サービスに直接かかった費用」といいましたが、よく売上原価と仕入高を誤解されている方がいます。
　わかりやすく、たとえ話で説明しましょう。ある商品を、1つ100円で計100個仕入れたとします。仕入高はもちろん、100円×100個の10,000円です。その中で、70個が1つ120円で売れたとします。売上高は、120円×70

個で8,400円です。売上原価が仕入高の10,000円だったとしたら、8,400円－10,000円＝△1,600円となり赤字です。

でも、今回は70個しか売れませんでした。まだ30個の商品はちゃんと残っていますので、明日売れるかもしれません。売れた70個に対しては、1つ当たり20円の利益が出たのですから、20円×70個の1,400円儲かったと考えるのが自然でしょう。

損益計算書の売上原価も同じ考え方です。仕入れた総額ではなく、売れた商品の分だけが売上原価となります。この例では、売上原価は、100円×70個の7,000円です。整理すると、以下の通りです。

```
売上高      120円 × 70個 = 8,400円
売上原価    100円 × 70個 = 7,000円
売上総利益                  1,400円
```

「今期は利益がたくさん出たけど、もっと利益を減らして納税額を減らしたいなあ。商品を仕入れておけば、利益を減額させることができるぞ」という考え方は間違っています。仕入れても、売れずに倉庫に在庫としてあるだけでは、売上原価に計上されません。仕入に要した現金が、在庫に変わっただけなのです。

製造業の場合は、「仕入」を「製造原価」と読み替えてください。工場で生産することは、確かに材料や労務費を費やしますが、それは「製造原価」として製品に組み込まれます。売れなければ在庫となり、売上原価には計上されません。

この「仕入」、「製造原価」と「売上原価」の関係を図式に表すと、図2－5のようになります。在庫が深くかかわっていることがおわかりいただけるでしょう。

開始時点で倉庫にある商品在庫量Aが、仮に10個だとします。期間中の仕入高Bが100個だとすると、倉庫には合計110個の商品があるはずです。期間終了時に倉庫に残っている商品Dが20個だとすると、実際に売れた商

図2−5　仕入高と売上原価の関係

開始時点の 「A　商品在庫」	売れた商品 「C　売上原価」
新たに仕入れた （製造された）商品 「B　仕入高」	終了時点の 「D　商品在庫」

品の量Cは、110 − 20の90個ということになります。

　仕入を増やしても売れなければ、グレーの部分のように、BとDが同じ量増加するだけですので、売上原価は増加しないことが理解できるでしょう。

(2) 営業利益

　次は、営業利益です。売上総利益からさらに「販売費及び一般管理費」（以下、「販管費」と省略します）を引いて計算します。

$$売上総利益　-　販管費　=　営業利益$$

　販管費は売上原価とは異なり、間接的な経費のことです。事務所の家賃や水道光熱費、新聞代、事務員の給与や営業車の燃料費などさまざまです。多くの項目が販管費に含まれるため、決算書には販管費の内訳が付けられます。図2−6が、そのサンプルです。わかりやすくするため、単位は略しました。

　間接的な経費を引いて求めた営業利益は、「本業の利益」といわれます。事業活動を通して得た利益というわけです。

　販管費の中で、説明しておきたい項目が2つあります。それは、人件費と

図2-6 販管費の内訳の例
販売費及び一般管理費内訳
(01年4月1日～02年3月31日)

役員報酬	10,000
給与	30,000
福利厚生費	4,000
法定福利費	5,000
事務消耗品費	17,000
減価償却費	13,000
水道光熱費	10,000
通信交通費	8,000
車両運搬費	5,000
広告宣伝費	5,000
会費	3,000
賃借料	7,000
保険料	2,000
雑費	1,000
合計	120,000

減価償却費です。

① 人件費

　生産活動に携わった従業員の人件費は、製造原価の労務費に計上されます。しかし、製造原価か販管費なのかを区別することができずに、すべて販管費に計上している企業も多いのです。自社がどちらかは、決算書の一部である製造原価報告書の中に労務費が計上されているかどうかでわかります。

　ちなみに、販管費の内訳に「人件費」という項目はありません。人件費は、役員報酬、給料手当、賞与、法定福利費、福利厚生費の合計で求めます。それぞれの項目の意味は、決算書を読むうえではあまり重要ではありませんので省略します。

② 減価償却費

　販管費の中で一番わかりにくいものが、この減価償却費です。簡単に説明

図2-7 減価償却の例

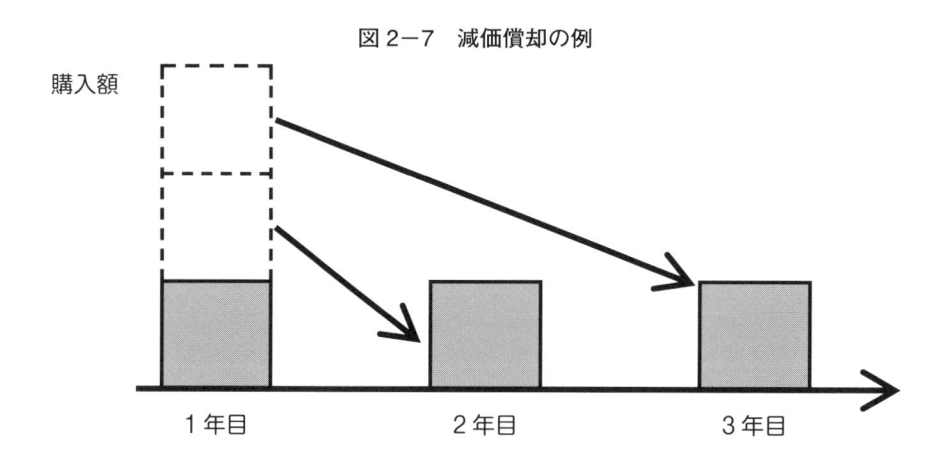

すると、設備など固定資産の価値の目減り分を費用として計上したものなのです。たとえば、ある機械装置を1億円で購入したとします。購入したのだから1億円を使ったわけですが、購入した年に1億円を一度に費用計上しないのです。なぜなら、その機械装置は何年にもわたって生産活動に貢献してくれるからです。その貢献してくれる期間のことを、耐用年数といいます。機械装置を、耐用年数の期間をかけて目減りさせていくわけです。目減りさせる方法は、いくつかあります。仮に、均等に目減りさせるとすれば、図2-7のようになります。

図2-7は、耐用年数を3年とし、均等に減価償却費を計上していくイメージです。機械装置などの耐用年数は税法で定められていますが、実際の運用期間に合わせた耐用年数の変更も可能で、税法の耐用年数との差によって生じる減価償却の差額は、別途把握していきます。詳しくは、税効果会計の書籍を参考にしてください。

減価償却費は、投資を行えば増加します。自社が何に投資したのかは、固定資産台帳などで確認できます。固定資産台帳を確認すれば、今後どれぐらいの減価償却費が計上されるのか知ることも可能です。

投資の1年目は、資金繰りが厳しくなります。大きな投資を行ったのに、

費用として計上できるのは一部分だけですから、無理もありません。しかし、2年目以降になると、実際には何も支払っていないのに減価償却費として目減り分を計上できますので、その分利益が圧縮され、税額も減ります。すなわち、手元にキャッシュが残るようになります。このキャッシュは、運転資金として活用するのではなく、次の投資のために内部留保しておくことが大切です。

(3) 経常利益

次は、経常利益です。営業利益に営業外収益を加え、営業外費用を引いて計算します。

> 営業利益 ± 営業外収益（費用） ＝ 経常利益

営業外収益は雑収入や受取利息など、営業外費用は雑損失と支払利息・割引料などです。雑収入・雑損失を除いて、すべて金融関係の収入や費用ということになります。受取利息は微々たるものでも、借入負担の大きい企業は、支払利息が相当な金額になります。営業利益は黒字なのに、借入による利息負担が大きすぎて、経常損失となる企業がたくさん存在します。

そうした意味から、経常利益は、「本業と金融の利益」ということができます。

(4) 当期利益

経常利益に、特別利益、特別損失、法人税等充当額を加減して求められるものが当期利益です。最終的に企業に残った利益はこの当期利益であり、ここから配当など外部に流出する分を除いて、貸借対照表の利益剰余金という項目に加算されます。

2. 貸借対照表

貸借対照表の英語名は「Balance Sheet」で、B/S と略すことがあります。損益計算書と比較して、貸借対照表をきちんと読める経営者、経理担当者は

少ないようです。どちらも少し学習すれば読めるようになるのですが、損益計算書は利益を表しているため、成績表のようで毎年気にしている人が多いのでしょう。でも、企業の経営状態を知るためには、損益計算書より貸借対照表の方が重要なのです。

(1) 調達と運用

貸借対照表の例を、図2-8に掲載しておきました。まずは、よく眺めてください。左右に分かれているところがポイントです。わかりやすくするた

図2-8　貸借対照表の例
貸借対照表
(02年3月31日時点)

資 産 の 部		負 債 の 部	
流 動 資 産		流 動 負 債	
現 金・預 金	2,000	支 払 手 形	10,000
受 取 手 形	12,000	買 掛 金	12,000
売 掛 金	18,000	短 期 借 入 金	20,000
有 価 証 券	1,000		
商 品	20,000		
そ の 他	1,000		
		流動負債合計	42,000
		固 定 負 債	
		長 期 借 入 金	100,000
流動資産合計	54,000	固定負債合計	100,000
固 定 資 産		負 債 合 計	142,000
土 地	20,000	純資産の部	
建 物	118,000	資 本 金	30,000
機 械 装 置	5,000	資 本 剰 余 金	5,000
運 搬 具	3,000	利 益 剰 余 金	24,000
そ の 他	1,000	(当期純利益)	(8,600)
固定資産合計	147,000	純資産合計	59,000
資 産 合 計	201,000	負債純資産合計	201,000

めに、単位は省略しています。

　企業の中には、現金や預金、商品など、金銭的に価値のあるものがたくさん存在します。価値の大きなものでいえば、建物や機械設備、車両などもあるでしょう。こうしたものすべてを、資産と呼びます。金銭的価値のある資産を並べて記載しているのが、左側の部分です。

　では、それらの資産は、どのように調達されたのでしょうか。自己資金で購入したものもあれば、借入をして調達したものもあるはずです。このように、左側に記載した資産をどのような資金で調達してきたかを表したものが右側なのです。

　調達の方法はさまざまですが、大きく分けて次の3つがあります。

> 借入（短期借入金や長期借入金）
> 自己資金（資本金）
> 利益（毎年の利益を内部留保したもの）

　右側に「どうやって資金を集めたか」を、左側に「その資金をどう運用しているか」を記載していますので、左右の合計金額は一致しています（図2－9）。

(2) 売上債権と仕入債務

　ここから、貸借対照表の中で重要な項目について説明していきます。まず

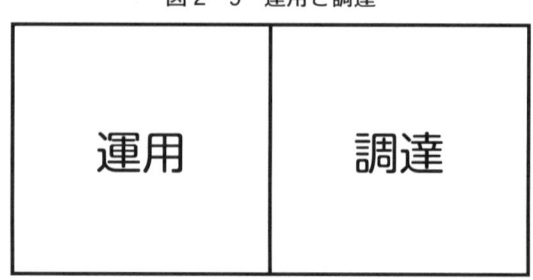

図2-9　運用と調達

運用	調達

は、売上債権と仕入債務です。売上債権とは、掛け売りなどを行った場合に、請求はしたがまだ入金されていないものをいいます。主なものは売掛金ですが、受取手形も売上債権の一部です。売上債権の額と売上高を比較すると、企業の概ねの回収期間がわかります。売上債権が売上高の3分の1ぐらいであれば、年間売上の3分の1が未回収なわけですから、12ヵ月の3分の1で、4ヵ月程度の回収期間というわけです。

仕入債務は、売上債権の逆で、仕入などを掛けで行った場合の未払分です。買掛金や支払手形が、仕入債務にあたります。

(3) 商品

仕入れた商品が売れずに残っていれば在庫となり、貸借対照表に「商品」として表されます。製造業であれば「製品」となり、原材料や完成途中の製品（仕掛品といいます）も同じように記載されます。

皆さんの会社でも、在庫削減のための活動を行っていると思いますが、ここで、在庫のメリット、デメリットを整理しておきましょう。

［在庫のメリット］
- ・欠品を防ぐことができる
- ・納品までの期間を短縮できる
- ・一括購入により安く仕入れることができる
- ・為替や資材価格の変動リスクを回避できる

［在庫のデメリット］
- ・倉庫などの費用がかかる
- ・在庫している商品が陳腐化する恐れがある
- ・盗難や被災のリスクがある
- ・在庫用の仕入のために資金を要する

どちらも挙げるときりがありませんが、在庫のデメリットは何といっても、4つ目の資金のことなのです。当たり前ですが、在庫を抱えるということは仕入をしているわけであり、仕入には現金が必要です。つまり、現金が商品に変わるのです。一度商品になってしまうと、在庫として滞留し、売れ

図2-10 在庫から現金化までの流れ

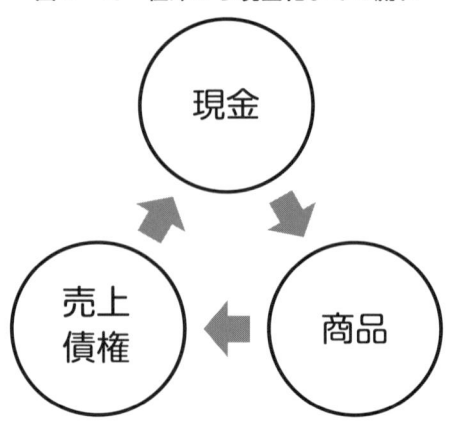

たとしても、売上債権として回収に何ヵ月かかり、ようやく現金となります。

在庫として3ヵ月滞留し、売上債権の回収が2ヵ月であれば、再び現金に戻るまで、合計5ヵ月間かかることになります。このため、資金が不足することがあれば借入金などで補う必要が出てきて、余計な支払利息を負担することにつながり、収益が悪化するわけです。

(4) 機械設備など

機械設備は、商品と同じく資産として記載されていますが、商品よりも金額は大きく、回収するまでに長い期間を要します。設備投資を検討する際に用いられる方法はいくつかありますが、回収期間法が最も一般的といえるでしょう。

回収期間法は、設備投資に必要な資金を何年で回収できるかという考え方です。

$$回収期間 = 投資額 \div 年間の増加利益$$

設備投資によって得られる利益の増加分で投資額を割ります。こうして得

られた回収期間が、耐用年数など機械の使用期間より短ければ投資する価値があり、長ければ回収前に機械がダメになってしまうことになります。

(5) 借入金

　借入金には、短期借入金と長期借入金の2種類があります。一般的に、1年以内に返済を要するものが、短期借入金として表されます。

　しかし、実際には異なる意味で使われることも多いのです。それは、経営者の個人マネーを会社の運転資金などを補てんするために借りている場合です。こうした場合、長期借入金と区別し、短期借入金として記載している企業があります。それは、勘定科目内訳書という決算書の各項目の内訳を記した書類を見ればわかります。金融機関などの名前が入っていれば純粋な借入金ですが、社長や経営者の名前が入っていれば個人マネーということになります。

　これは、いずれ返済するのだから同じではないかと思うかもしれませんが、実際には何年も返済されていない例も多く、形式上借入金として記載しているが急いで返済する必要がない、あるいは経営者自身が返済されることを期待していないケースもあります。こうした場合には、この短期借入金は自己資金として考えてもいいことになります。

　それなら、資本金に組み替えてはどうかという話になりますが、増資で資本金の額が変わるとさまざまな手続きが必要ですし、コストもかかりますので、そのままにしておいてもいいでしょう。ただし、資本金に組み替えると、借入金が減り自己資金が増えるわけですから、貸借対照表の見栄えが良くなります。金融機関等からの評価もアップする可能性があります。そこは、金融機関とも相談して決めてください。

(6) 利益剰余金

　利益剰余金は、企業活動の中で得られた利益のうち、内部に留保した部分の蓄積です。すなわち、企業の歴史そのものを表しているといっても過言ではありません。

　私は企業の決算書を見るとき、いつもここから見るようにしています。損

図2-11 流動資産と固定資産

| 流動資産 | 調達 |
| 固定資産 | |

益計算書は直近1年間の収支状況ですから、景気や他の状況などに左右される場合も多く、1年のみの黒字、赤字だけでは収益力を判断できないので、会社設立からの蓄積である利益剰余金を見るわけです。

(7) 流動資産と固定資産

31ページ図2-8の貸借対照表の左側を見てみると、同じ資産の中で上下に分かれていることがわかります。上部のものを流動資産、下部のものを固定資産といいます（図2-11）。

「流動」と「固定」の意味としては、早く現金として回収できるものが流動で、長期間にわたって運用して回収していくものが固定と考えてください。流動資産の中で一番早く回収できるものは、現金そのものや預金などで、売上債権や商品などが続きます。固定資産は、主に土地や建物、機械装置などです。

(8) 流動負債と固定負債、純資産

貸借対照表の右側は調達を表し、借入金や自己資金、利益等からなります。借入金は負債に分類され、自己資金や利益は純資産と呼ばれて区分されます。さらに、負債は資産と同じく、流動負債、固定負債に分類されます（図2-12）。

流動負債と固定負債の区分の仕方は、早く返済する必要があるものを流動負債と呼び、長期に活用できる借入金などを固定負債と呼びます。

図2-12 流動負債、固定負債と純資産

流動資産	流動負債
	固定負債
固定資産	純資産

3. キャッシュ・フロー計算書

　中小企業をはじめ多くの企業は、決算書にキャッシュ・フロー計算書がありません。それは、上場企業以外の企業には、作成が義務づけられていないからです。しかし、会社経営にとって最も重要視すべきなのは、売上や利益ではなく現金です。

　これまで見てきた損益計算書と貸借対照表において、現金について唯一書かれている部分は、貸借対照表の流動資産の一番上部にある「現金・預金」です。一番重視すべきことが、1行しか書かれていないわけです。

　そこで、その1行をより詳細に記したものがキャッシュ・フロー計算書です。図2-13に、キャッシュ・フロー計算書の例を示します。わかりやすくするため、単位は省略しました。

(1) キャッシュ・フロー計算書の構造

　まずは、見出しに注目してください。
　Ⅰ　営業活動によるキャッシュ・フロー
　Ⅱ　投資活動によるキャッシュ・フロー
　Ⅲ　財務活動によるキャッシュ・フロー
　Ⅳ　現金及び現金同等物の増加額

図2−13 キャッシュ・フロー計算書の例

キャッシュ・フロー計算書
（01年4月1日〜02年3月31日）

I	営業活動によるキャッシュ・フロー	
	売上による収入	300,000
	商品仕入による支出	△200,000
	人件費支出	△40,000
	その他営業費支出	△20,000
	小計	40,000
	利息の支払額	△35,000
	法人税等の支払額	△6,000
	営業活動によるキャッシュ・フロー	△1,000
II	投資活動によるキャッシュ・フロー	
	有価証券の取得による支出	△1,000
	有形固定資産の取得による支出	△2,000
	投資活動によるキャッシュ・フロー	△3,000
III	財務活動によるキャッシュ・フロー	
	短期借入金返済による支出	△10,000
	長期借入による収入	15,000
	財務活動によるキャッシュ・フロー	5,000
IV	現金及び現金同等物の増加額	1,000
V	現金及び現金同等物の期首残高	1,000
VI	現金及び現金同等物の期末残高	2,000

V　現金及び現金同等物の期首残高

VI　現金及び現金同等物の期末残高

となっています。

　現金の動きをキャッシュ・フローといいますが、I〜IIIのように、キャッシュ・フローは、「営業活動」、「投資活動」、「財務活動」の3つに分類されます。その合計がIVです。1年が開始した時点でのキャッシュの額がVなので、IVとVを加えると、1年が終了したときのキャッシュの額がわかるわけです。それがVIです。

$$\text{I 営業} + \text{II 投資} + \text{III 財務} = \text{IV 増減}$$
$$\text{V 開始時点} + \text{IV 増減} = \text{VI 終了時点}$$

(2) 営業活動によるキャッシュ・フロー

　営業活動とは事業活動のことであり、利益でいえば営業利益のことを表しますが、ここは利益ではなく、キャッシュの増減のことをさしています。それでは、利益とキャッシュはどう違うのでしょうか。利益は売上から費用を差し引いて計算されますが、現金の増減は収入から支出を差し引いて計算します。

$$\text{利益} = \text{売上} - \text{費用}$$
$$\text{現金の増減} = \text{収入} - \text{支出}$$

　では、売上と収入はどう違うのでしょうか。図2-14をご覧ください。
　駄菓子屋や八百屋、魚屋などの現金商売では、売上と収入は一致するのですが、そのような企業は実は少数で、ほとんどが掛け売りの形になっていま

図2-14　売上と収入の関係

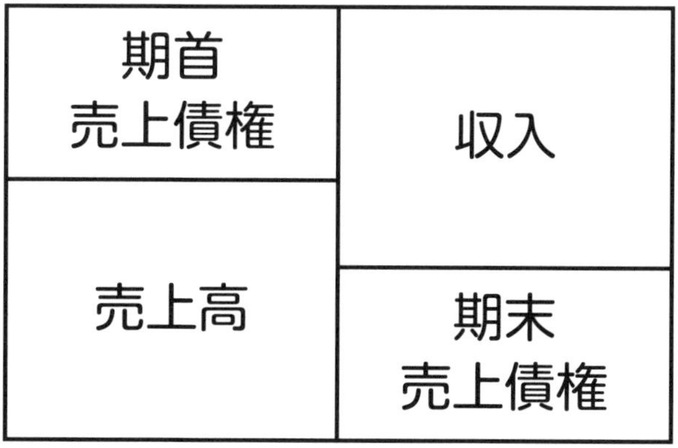

期首 売上債権	収入
売上高	期末 売上債権

図2-15　期末売上債権が多く収入が少ない場合

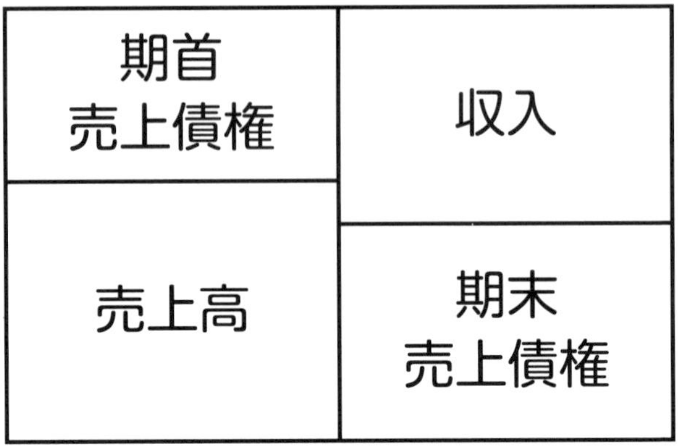

| 期首売上債権 | 収入 |
| 売上高 | 期末売上債権 |

　す。すなわち、商品を販売しても月末に請求書を作成し、その翌月末あたりで入金があるという企業が多いのです。その入金されていない分を売上債権と呼ぶことは、貸借対照表のところで説明しました。その場合、まだ入金されていない分（期首売上債権）と今年1年間売り上げた分の合計が、本来現金として回収したい金額です。

　しかし、掛け売りですから、1年を締めくくる期末時点でもやはり売上債権（期末売上債権）は残ってしまっています。先の合計からこの期末売上債権を引いた分が回収できた分、すなわち収入となります。

　図2-14からわかるとおり、期首売上債権と期末売上債権が同じ額なら、売上高と収入も一致するはずです。しかし、図2-15のように、期首売上債権に比べて期末売上債権が多くなっている場合は、売上高に比べて収入は少なくなっていることになります。

　費用と支出の関係も同じです。図2-16で確認してください。

(3) 投資活動によるキャッシュ・フロー

　投資活動とは、ほとんどの場合、設備投資のことをいいます。建物や機械を購入した際の支出が、投資活動によるキャッシュ・フローです。そのため、このキャッシュ・フローの値は、マイナスであることが多くなります。設備

図2-16　仕入と支出の関係

```
┌─────────────────┬─────────────────┐
│                 │                 │
│      期首       │                 │
│    仕入債務     │      支出       │
│                 │                 │
├─────────────────┼─────────────────┤
│                 │                 │
│     仕入高      │      期末       │
│     (費用)      │    仕入債務     │
│                 │                 │
└─────────────────┴─────────────────┘
```

などを売却し現金を得た場合は、プラスになることもあります。

(4) 財務活動によるキャッシュ・フロー

　財務活動とは、金融機関とのやりとりが中心です。借入をした場合は、キャッシュが増えますので、キャッシュ・フローはプラスとなります。返済をした場合、キャッシュ・フローはマイナスとなります。

4. 試算表の活用

　これまで、損益計算書、貸借対照表、キャッシュ・フロー計算書について説明してきましたが、こうした決算書は年に一度しか作成されません。中長期のスパンで分析する際にはこれで問題ありませんが、短期で問題点を抽出し課題を解決する場合は、もう少し短い間隔で作成される資料が必要となってきます。そのとき、ぜひ活用してほしいのが試算表です。

　試算表には、さまざまな様式がありますが、図2-17に一例を示しました。わかりやすくするため、単位は略しています。試算表は、会計ソフトを使えば簡単な操作で出力できます。もし、会計ソフトを利用していない場合には、記帳などを依頼している税理士や会計士に試算表の提供を依頼してみてください。

図 2－17 試算表の例

合計試算表

	借方	貸方
現　金　・　預　金	200	
受　　取　　手　　形	1,200	
売　　　掛　　　金	1,800	
有　　価　　証　　券	100	
商　　　　　　　品	2,000	
そ　　の　　　他	100	
土　　　　　　　地	2,000	
建　　　　　　　物	11,800	
機　　械　　装　　置	500	
運　　搬　　　具	300	
そ　　の　　　他	100	
支　　払　　手　　形		1,000
買　　　掛　　　金		1,200
短　　期　　借　　入　　金		2,000
長　　期　　借　　入　　金		10,000
資　　　本　　　金		3,000
資　　本　　剰　　余　　金		500
利　　益　　剰　　余　　金		2,400
（うち当期純利益）		(860)
売　　　上　　　高		36,000
売　　上　　原　　価	20,000	
売　　上　　総　　利　　益		16,000
販売費及び一般管理費	12,000	
営　　業　　利　　益		4,000
営　　業　　外　　収　　益		100
営　　業　　外　　費　　用	2,800	
経　　常　　利　　益		1,300
特　　別　　利　　益	80	40
特　　別　　損　　失		
税引前当期純利益		1,260
法　　人　　税　　等	400	
当　　期　　純　　利　　益	860	

5．戦略的経理マンに必要な決算書の読み方

　これまで、決算書の基礎知識について説明してきました。しかし、経理マンにとっては、項目の意味はわかって当然なのです。もう1歩先に進めて戦略的経理マンになるためには、「それはどういうことなのか」を考えなくてはなりません。1つ例を挙げてみましょう。

> # わが社には、借入金が1億円ある

　これは、貸借対照表を見るとすぐにわかることです。それでは、1億円の借入金があるとは、どういうことなのでしょうか。いろいろなことが気になってきます。

・額は多いのか少ないのか
・去年と比べてどうなのか
・その1億円は何に使ったのか

　詳しい分析は次章以降に譲るとして、この3つの疑問について考えてみましょう。

（1）額は多いのか少ないのか

　この疑問の根底にあるのは、企業規模に応じた適切な借入の額があるのではないかという考え方です。町の小さな小売店にとっては、1億円の借入金は多いように思います。しかし、大手企業で多くの社員や設備を抱える企業にとっては、少ないぐらいかもしれません。

　こうした場合、企業規模とのバランスを調べてみるといいでしょう。売上高や総資産など、企業規模を表している項目と借入金を比較するのです。こうした比較は比率分析といって、借入金が総資産の何％にあたるかを考えるわけです。この比率分析については、次章でボックス決算書を使って説明します。

(2) 去年と比べてどうなのか

　去年が2億円で今年が1億円なのであれば、借入金は大きく減らすことができたことになります。このペースでいけば、来年は借入金が完済できるかもしれません。逆に、去年が5,000万円であった場合、今年は倍増しているわけです。どんどん借入の依存度が高くなっているのですから、対策を打つ必要があるかもしれません。

　去年だけでなく、経年変化を見ることも決算書を読むうえで大切なことです。一般的には、3年または5年の期間で値の増減を分析します。このような分析を、趨勢分析といいます。

(3) 何に使ったのか

　貸借対照表は、資金の調達と運用を表していると説明しました。借入金により調達した1億円は、何に運用されたのでしょうか。在庫の拡充に使ったのか、何か設備投資を行ったのか、赤字で運転資金が減少したため補てんしたのか。

　在庫の拡充であれば、販売により回収することができ返済につながりますが、設備投資の場合は、その設備が売上や利益に長期的に貢献していくため回収も長期にわたります。返済期間は、短期借入金なのか長期借入金なのかでわかります。仮に、設備投資を短期借入金で行ったとしたら、返済に困る状況に陥りそうです。

　この調達と運用のバランスにも、戦略的経理マンは目を光らせておかなければなりません。そのためには、比率分析が必要です。

　それでは、いよいよ次の章から、決算書を分析することについて考えていきましょう。

第 3 章

ボックス決算書でわかる企業の状態

前章では、決算書の概要について説明しました。すべてを詳しく知る必要はなく、見どころはほんの一部であることがおわかりいただけたかと思います。
　本章でいよいよ決算書を深く読んでいくのですが、まずはボックス決算書と呼ぶ図式を使って、視覚的にわかりやすい形で表現してみます。パッと見ただけで、企業の置かれた状況を理解できるようにします。実は、前章にもボックス決算書を使って説明している箇所がありました。直感で理解してほしい場所で使っています。ここまでのページで、どれがボックス決算書なのか探してみてください。

1．決算書をボックス図で表す

　「ボックス」というくらいですから、決算書を箱を使ってモデル化したものです。損益計算書、貸借対照表、キャッシュ・フロー計算書のそれぞれを、図で表しています。

(1) 損益計算書

　まずは、損益計算書です。図3-1をご覧ください。
　損益計算書では、右側に売上、左側に費用のボックスを書きます。ボックス決算書で大切なことは、ボックスの高さが金額の大きさを示していることです。この図では、費用より売上のボックスが高くなっているので、差がで

図3-1　損益計算書のボックス図

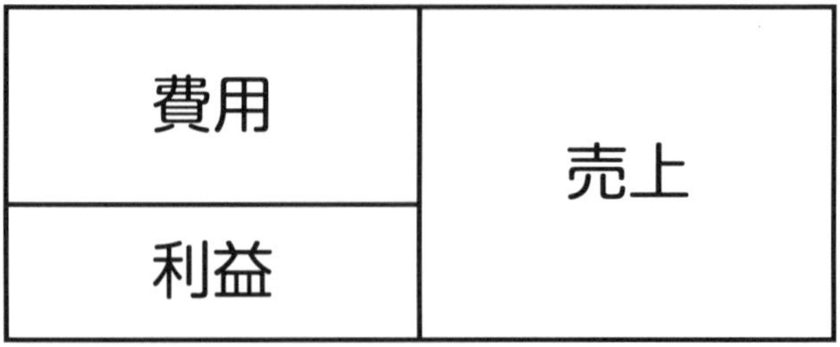

費用	売上
利益	

図3−2　利益が出ている形

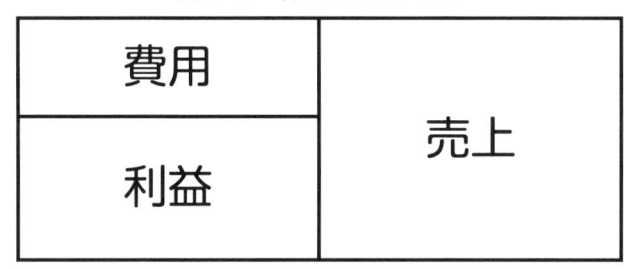

```
┌─────────────┬─────────────┐
│    費用     │             │
├─────────────┤    売上     │
│    利益     │             │
└─────────────┴─────────────┘
```

きています。その差が利益ということになります。費用は売上の60％程度で利益は40％程度、つまり、売上に対して利益は40％ぐらい出ていることがわかります。

① 利益が出ている形

　図3−1で説明した通り、売上の高さが費用より高い状態は、利益が出ていることを表しています。図3−2の場合、費用は売上の半分より少なく、図3−1に比べて利益が大きくなっています。つまり、利益率の高い状態といえます。

② 損失が出ている形

　それでは、利益がなく損失が出ている状態のボックス図はどうなるでしょうか。損失とは、売上より費用の方が大きい状態なわけですから、図3−3のようになります。

図3−3　損失が出ている形

```
┌─────────────┬─────────────┐
│             │    売上     │
│    費用     ├─────────────┤
│             │    損失     │
└─────────────┴─────────────┘
```

図3-4 利益も損失もない形

| 費用 | 売上 |

③ 利益がゼロの形

　次は、利益も損失も出ていない状態です。売上と費用が同額の状態ですので、図3-4のようになります。このような状態を損益分岐点といいますが、詳しくは第6章で説明します。

④ より詳細なボックス図

　前章で、利益には、売上総利益や営業利益、経常利益などがあると説明しました。これまでの図では、利益は1つになっており、少し物足りない感じ

図3-5 詳細な損益計算書のボックス図

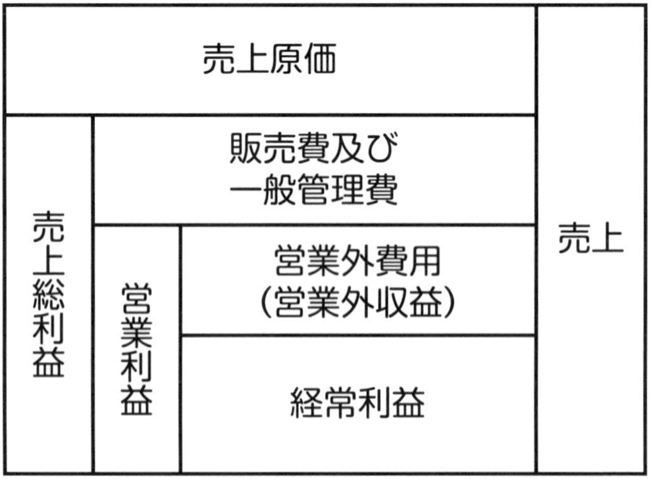

がします。分析のうえで必要な利益をすべてボックス図で表してみると、図3－5のようになります。

（2）貸借対照表

次は、貸借対照表です。図3－6を見てください。

左側には資産、右側には負債と純資産があります。高さが金額の大きさを表すのは、損益計算書のときと同じです。この図を見る限り、調達を表す負債と純資産では負債の方が大きく、全体の6割から7割ぐらいが負債となっています。

この図の資産と負債をもう1段階詳しくしたのが、図3－7です。左側の

図3－6　貸借対照表のボックス図1

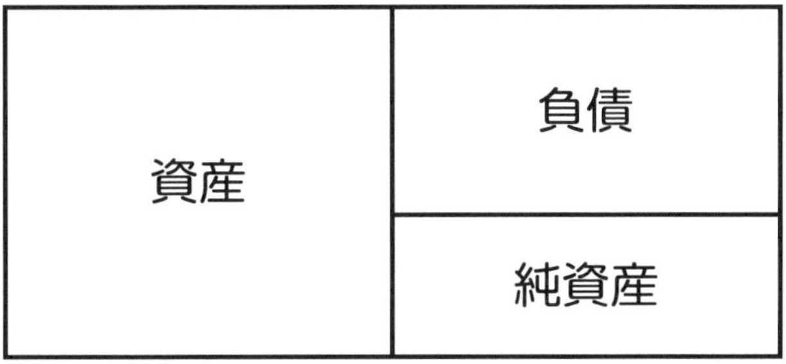

資産	負債
	純資産

図3－7　貸借対照表のボックス図2

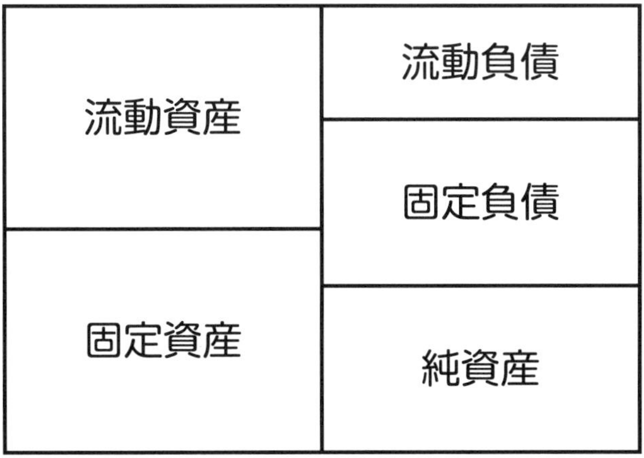

流動資産	流動負債
	固定負債
固定資産	純資産

図3−8 借入負担が大きい状態

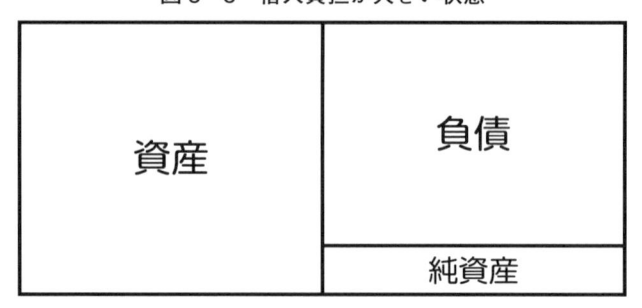

資産を、流動資産、固定資産の2つに分けています。右側では、負債を流動負債、固定負債に分けて、その下に純資産があります。

この2つの図を使って、いろいろな状態を見ていきましょう。

① 借入負担が大きい状態

図3−8のケースは、純資産より負債の割合が多く、借入負担が大きい状態です。ただ、中小企業では、これぐらいのケースはよく見かけます。一般に、純資産の割合は3割ぐらいあればいいとされていますが、それもなかなか達成できないのが現実です。

② 無借金経営の状態

図3−9は、無借金経営の状態を表しています。負債が少しあるではないかと思われるかもしれません。負債の中には、仕入債務が含まれます。負債が仕入債務だけの状態なら無借金となりますが、決算書上、負債がゼロとい

図3−9 無借金経営の状態

図3-10 債務超過の状態

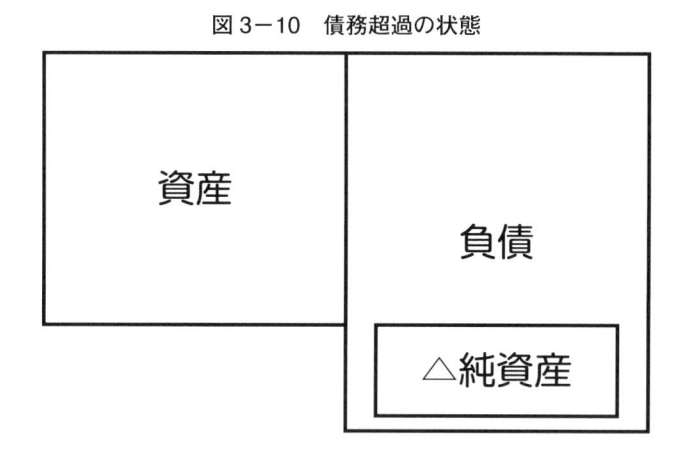

うわけではありません。

③ 債務超過の状態

次は、深刻な状態を示す図3-10です。資産よりも負債が大きくなっています。

純資産は、自己資金と利益で構成されますが、その合計がマイナスになっているわけです。いいかえれば、損失が出続け、利益剰余金が資本金の額より大きなマイナスとなっている状態です。この状態のことを、債務超過といいます。債務超過になると、資産をすべて売却して負債の返済に回しても、負債が残ってしまいます。この状態が続くと、倒産の可能性が出てきます。

もちろん、第1章の現金至上主義のところで説明したように、現金さえあれば企業は倒産しません。赤字続きで債務超過であっても、金融機関が融資を続けて現金がなくならなければ、企業は存続できます。

しかし、そのような状態で、金融機関が融資に応じるでしょうか。たとえば、企業の融資には経営者が連帯保証人になることが多いのですが、その経営者が担保となる個人資産を多く保有する場合は、融資に応じるかもしれません。また、今は債務超過でも、近い将来、業績を回復させる見込みがある場合などもあるでしょう。そうした将来の可能性に対して融資がおりるとき

図3-11 支払能力と投資状況が気になる状態

```
┌─────────────────┬─────────────────┐
│                 │                 │
│    流動資産      │    流動負債      │
│                 │                 │
├─ ─ ─ ─ ─ ─ ─ ─ ─┼─ ─ ─ ─ ─ ─ ─ ─ ─┤
│                 │                 │
│                 │    固定負債      │
│                 │                 │
│    固定資産      ├─────────────────┤
│                 │                 │
│                 │    純資産        │
│                 │                 │
└─────────────────┴─────────────────┘
```

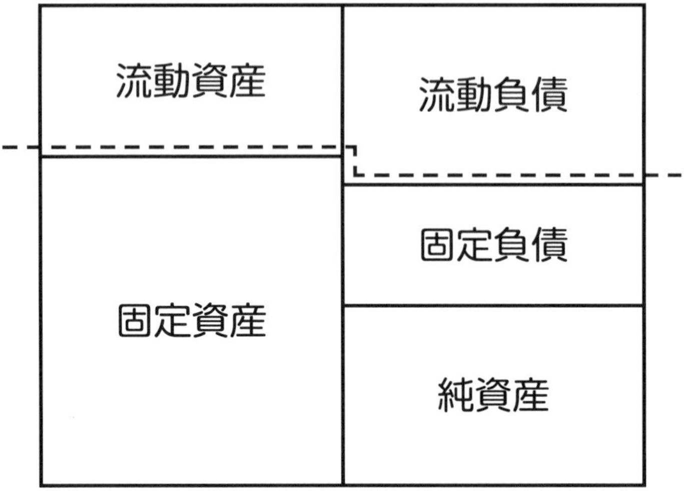

もあります。

逆に、こうしたプラスの要因がなければ、金融機関が融資してくれる可能性は低いでしょう。

④ 支払能力と投資状況が気になる状態

今度は、流動と固定が分かれている図3-11です。ここでは、破線より上の部分と下の部分に分けて見てみましょう。

上の部分では、流動資産より流動負債の方が大きいことがわかります。早く返済しなければいけない流動負債に対して、早く現金になる流動資産の額が不足していることになります。財務分析の教科書には、「短期的な支払能力が不足している状態」と書かれることが多いのですが、そこは実態をよく見極めなければなりません。

ポイントは、短期借入金です。ここでピンと来た方は、前章の借入金の説明をよく覚えている方です。短期借入金は、経営者からの借入の場合があるとお伝えしました。支払能力が不足していると右往左往するのではなく、まずは実態として返済が必要な借入なのかを確かめてください。短期借入金が

返済不要のものであったら、一度長期借入金などに組み替えたボックス図を書いてみてください。

また、49ページ図3－7のように、流動資産が流動負債より大きいからと安心してはいけません。流動資産をすべて返済に充てることができるとは限らないからです。特に、流動資産の中の原材料や仕掛品、商品などには注意が必要です。すぐに販売され、現金化できる場合は問題ないですが、実際には不良在庫になってしまっている場合もあります。そうした場合、記載している金額より相当低い金額でなければ売れないはずですので、流動資産の量は決算書上の数字より少ない状態である可能性があります。

次は、破線より下の部分です。固定資産が、固定負債と純資産の合計より大きい状態です。固定資産は、長期にわたって回収していくものですから、長期にわたって運用可能な固定負債や純資産でまかなわれなければなりません。この図では、固定資産の調達に、少し流動負債を使っていることになります。長期で回収する固定資産を、短期に返済すべき負債で補っていることは問題となります。

⑤ 安定しているものの問題もある状態

図3－12を見てください。一見、問題なさそうに思えるかもしれません。流動資産と流動負債の割合も問題ないですし、固定資産も純資産だけで調達できているようです。逆の見方をすれば、流動資産が大きすぎるところに問題が潜んでいるかもしれません。売上債権が大きい場合は取引先の倒産等で不良債権になっていないか、商品等が多い場合は不良在庫となっていないか確認が必要です。それらが問題ない場合、より前向きに考えれば、流動資産の中から固定負債を返済してしまうことはできないか検討すべきです。借入金が減れば利息負担も減るため、収益性の向上にもつながります。

もう1つ気になるのは、固定資産が少ないことです。固定資産は減価償却によって目減りしていきますから、もしかしたら設備が老朽化しているのかもしれません。とすれば、近い将来、設備投資が必要であり、そのための資金が必要になります。流動資産の中で、現金・預金が潤沢にあるのであれば、

図3−12　安定しているものの問題もある状態

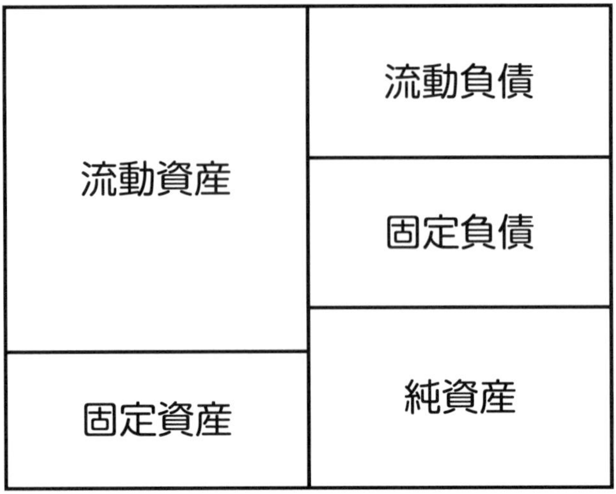
流動資産
固定資産
流動負債
固定負債
純資産

借入なしで設備投資ができるかもしれません。その可能性が高いのなら、前述した借入金の返済は急いで行う必要はないでしょう。

⑥　実質債務超過の状態

純資産はマイナスの金額にはなっていないものの、実は債務超過になっている場合があります。それは、固定資産の簿価と時価の違いによるものです。土地は減価償却をしませんので、購入したときの金額のままですが、建物や機械設備は購入金額から減価償却によって減額させた金額になっています。これを、簿価といいます。しかし、実際に売却するときの価値は簿価と一致しておらず、現在の地価などを考慮すれば、簿価より低い金額でしか売却できないケースが多いでしょう。実際に売却できる金額のことを、時価といいます。

このように、簿価と時価には違いがあります。簿価より時価の方が低い場合に、固定資産の金額を時価で評価するとどうなるでしょうか。固定資産の金額は減額され、実態に近い形で評価されるのはいいのですが、低くなるということは損をするということですから、固定資産の減額分と同額分、利益

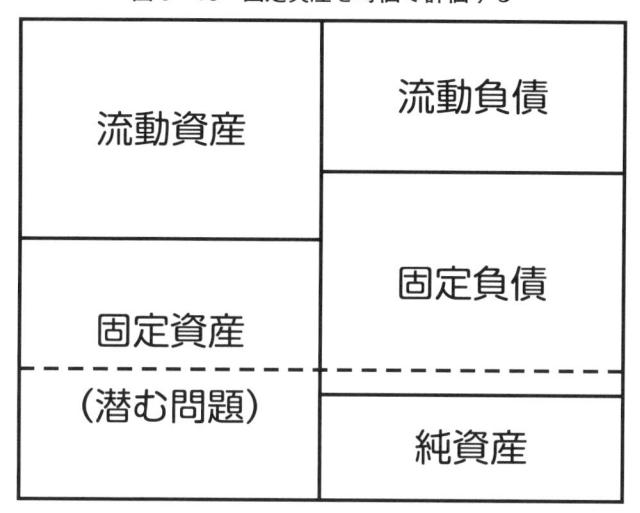

図3-13　固定資産を時価で評価する

```
┌─────────────┬─────────────┐
│             │   流動負債   │
│   流動資産   ├─────────────┤
│             │             │
├─────────────┤   固定負債   │
│   固定資産   │             │
│- - - - - - -├─────────────┤
│  (潜む問題)  │   純資産     │
└─────────────┴─────────────┘
```

が減ります。貸借対照表でいえば、利益剰余金、すなわち純資産が減額されるのです。

　図3-13の中で、固定資産の破線以下の部分が減額されるとします。減額分は、純資産全体より大きくなっています。実際に減額すれば、純資産はマイナス、すなわち債務超過に陥るわけです。帳簿上、時価で評価するかどうかはともかく、戦略的経理マンは、今の固定資産が時価で評価するとどれぐらいになるのか、概算で把握しておくべきでしょう。土地なら、路線価や公示価格などを調べればわかります。建物は近隣の不動産の売買価格、機械設備は中古などの流通価格を見ればだいたい把握できます。ぜひ、一度調べてみてください。

⑦　より詳細な貸借対照表

　図3-14に、貸借対照表をこれまでより詳細なボックス図にしてみました。この図の中の当座資産について説明します。流動資産とは、早く現金化できる資産であると説明しました。しかし、流動資産のうち棚卸資産、すなわち、材料、仕掛品、商品などは、加工、販売、売掛金の回収を経て現金に

図3-14　より詳細な貸借対照表

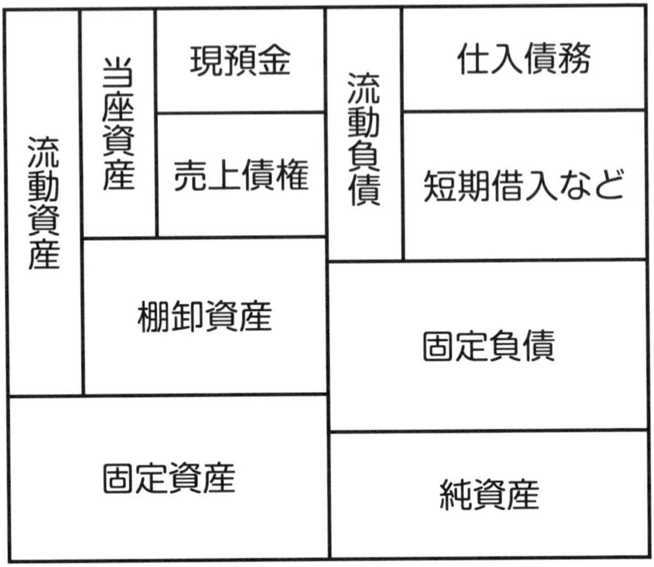

	当座資産	現預金	流動負債	仕入債務
流動資産		売上債権		短期借入など
	棚卸資産		固定負債	
固定資産			純資産	

なります。商品の中には不良在庫もあり、実際に現金になるまで相当な期間を要するかもしれません。そうした棚卸資産を省いて、より早期に現金化できるものだけを集めたのが当座資産です。

⑧　現金の流れと期間の確認

　図3-15の矢印を見てください。製造業の場合は、現金で材料を仕入れるところからスタートです。現金が棚卸資産（材料）に変わる瞬間です。そこから製造工程を経て製品になりますが、製品も棚卸資産に分類されます。その製品が売れずに在庫として滞留したとすると、材料になったときから考えると相当な期間になるでしょう。そして、販売されると売上債権となり、何ヵ月かかけて現金として回収されるのです。

　このサイクルをなるべく短くすることで、キャッシュ・フローが改善していきます。製造工程の短縮、在庫の圧縮、売上債権の早期回収です。具体的には、第7章で説明します。

図3-15　現金の流れ

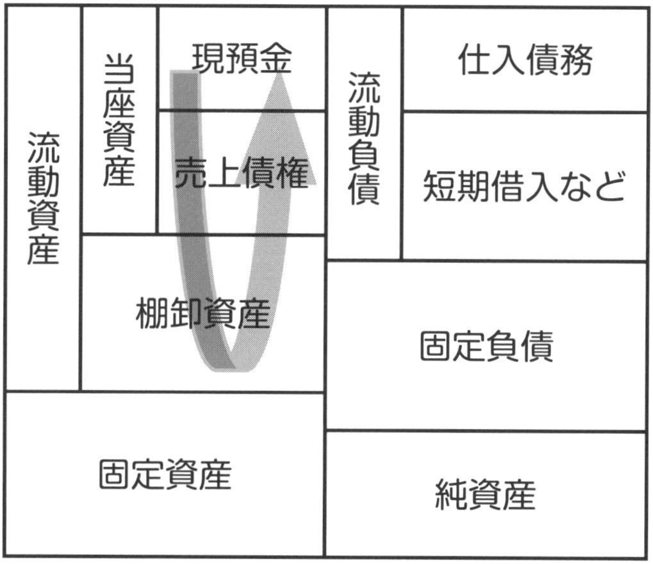

```
┌─────┬──────┬──────┬────┬────────┐
│流動資産│当座資産│現預金 │流動負債│仕入債務   │
│     │     ├──────┤    ├────────┤
│     │     │売上債権│    │短期借入など │
│     ├─────┴──────┤    ├────────┤
│     │棚卸資産      │    │固定負債    │
├─────┴────────────┼────┴────────┤
│固定資産            │純資産         │
└───────────────┴───────────┘
```

(3) キャッシュ・フロー計算書

次のボックス図は、キャッシュ・フロー計算書です。

図3-16を見てください。営業活動によるキャッシュ・フロー、投資活動によるキャッシュ・フロー、財務活動によるキャッシュ・フローの3つのボックスがあり、それらのキャッシュ・フローがプラスの場合は右に書きます。右側のボックスの方が多ければ現金増、左側のボックスの方が多ければ現金減ということになります。図3-16の場合、すべてのキャッシュ・フローがプラスですから、当然現金は増えています。

① よく見る形

3つのキャッシュ・フローがプラスであることは少なく、実際によく見かけるケースが、図3-17のような形です。

営業活動によるキャッシュ・フローはプラスなのですが、設備投資の全額にはいたらず、借入金で補てんしたような形です。借入の際に少し多めに借

図3−16　キャッシュ・フロー計算書のボックス図

	営業CF
現金増	投資CF
	財務CF

図3−17　よく見る形

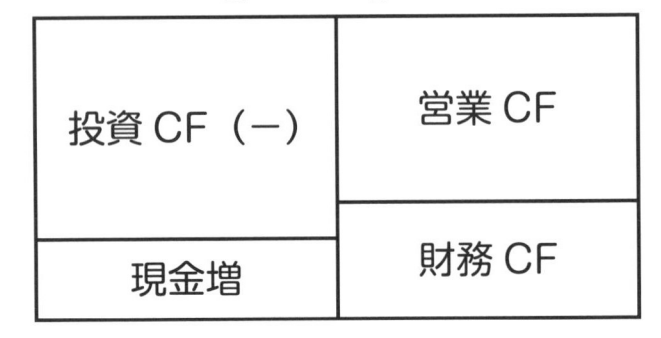

投資CF（−）	営業CF
現金増	財務CF

りておいたので、設備投資の金額を超えた分のみ現金が増えています。

② 理想的な形

図3−18は、とても理想的な状態です。営業活動によるキャッシュ・フローが大きくプラスになっているため、設備投資もでき、借入金の返済もできています。

③ 悪い形

最後は、悪い形です。図3−19を見てください。営業活動によるキャッシュ・フローが大きなマイナスとなっており、設備等を売却し、借入も行いましたが、それでも足らず現金がマイナスになっています。

キャッシュ・フローの3つの形を紹介しました。営業活動によるキャッシュ・フローがキャッシュ・フロー全体の良し悪しに影響していることが、

図3-18　理想的な形

投資CF（-）	
財務CF（-）	営業CF
現金増	

図3-19　悪い形

	投資CF
営業CF（-）	財務CF
	現金減

ボックス図によって明らかになりました。

2. 経営活動と数字の流れ

　ここまで、損益計算書、貸借対照表、キャッシュ・フロー計算書について、ボックス図を使って説明してきました。
　これらの3つの決算書は独立して動くのではなく、それぞれ関連しています。ここからは、いろいろな経営活動が3つの決算書にどのように影響してくるのかを見ていきながら、その関連を理解していきます。

(1) 3つの決算書は連動している

　図3-20を見てください。商品を売却した場合には、損益計算書に売上が、貸借対照表には売掛金が計上されます。売掛金を回収すれば、貸借対照

図3-20 連動する3つの決算書

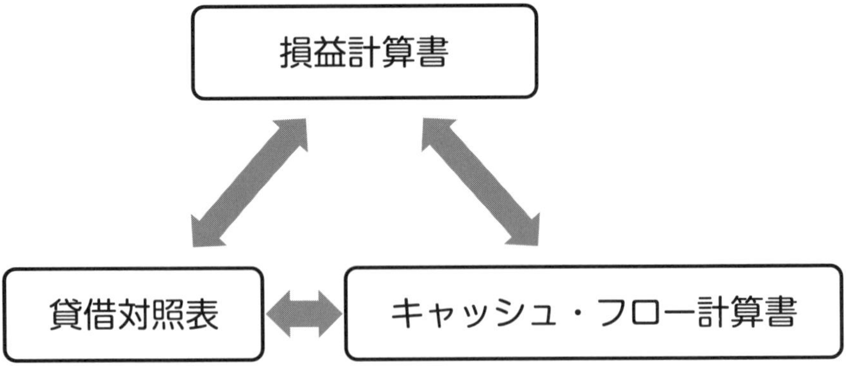

損益計算書 ⇔ 貸借対照表 ⇔ キャッシュ・フロー計算書

表の売掛金が減り、キャッシュ・フロー計算書の営業活動によるキャッシュ・フローが増えます。新聞代を現金で払えば、損益計算書の販管費が増加し、キャッシュ・フロー計算書の営業活動によるキャッシュ・フローは減少します。

このように、3つの決算書は互いに連動しています。

(2) 経営活動と数字の流れの例

それでは、いくつかの場合を例に、3つの決算書が連動することを説明していきます。なお、ここでは、わかりやすくするために、金額の単位は省略して考えます。

① 経費を支払った場合

たとえば、家賃を現金で100払った場合は、図3-21のようになります。損益計算書では費用が100増え、利益が100減ります。貸借対照表では現金、すなわち資産が100減り、利益が含まれる純資産も100減ります。キャッシュ・フロー計算書では現金が100減り、家賃は営業活動ですから、営業活動によるキャッシュ・フローが100減ります。

② 商品が掛け売りで売れた場合

次は、商品が掛け売りによって100で売れた場合です。図3-22を見てください。損益計算書では売上が100増え、利益も100増えます。掛け売り

図3-21　経費の支払と3つの決算書

PL	費用 100	売上
	利益 −100	
BS	資産 −100	負債
		純資産 −100
CF	現金増 −100	営業CF −100
		投資CF
		財務CF

ですから、貸借対照表では売上債権、すなわち資産が100増え、純資産の利益が100増えます。キャッシュ・フロー計算書については、注意が必要です。今回は掛け売りですので、まだ現金を回収していません。そのため、キャッシュ・フロー計算書には動きはありません。

③　商品が掛け売りで売れた場合（仕入額も考慮）

前の例では、売れたことにより手元からなくなった商品については考慮していませんでした。この商品の仕入値が仮に80だったとしたら、図3-23のようになります。損益計算書については、費用が売上原価として80計上され、利益は20となります。貸借対照表は、売上債権が100ですが、商品が80減りますので差し引き20、純資産の利益も20です。キャッシュ・フ

図 3−22　掛け売りと 3 つの決算書

PL
| 費用 | 売上 100 |
| 利益 100 | |

BS
| 資産 100 | 負債 |
| | 純資産 100 |

CF
現金増	営業 CF
	投資 CF
	財務 CF

図 3−23　掛け売りの原価を考慮した場合

PL
| 費用 80 | 売上 100 |
| 利益 20 | |

BS
| 資産 20 | 負債 |
| | 純資産 20 |

ロー計算書には動きはありませんので、省略しました。

ちなみに、簿記では、商品が売れるたびに原価もあわせて計上することはしません。しかし、戦略的経理マンは、簿記の流れより実態を把握する方を優先すべきですので、図3-23のように理解してください。

④ 売掛金を回収した場合

前の例の売掛金を回収したときの動きが、図3-24です。新たな売上や費用を計上するわけではありませんので、損益計算書に動きはありません。貸借対照表はどうでしょうか。売上債権が回収されて現金になるわけですから、売上債権が100減り、現金が100増えます。両方とも資産なので、差し引き0です。キャッシュ・フロー計算書では、売掛金の回収による営業活動

図3-24 売掛金の回収と3つの決算書

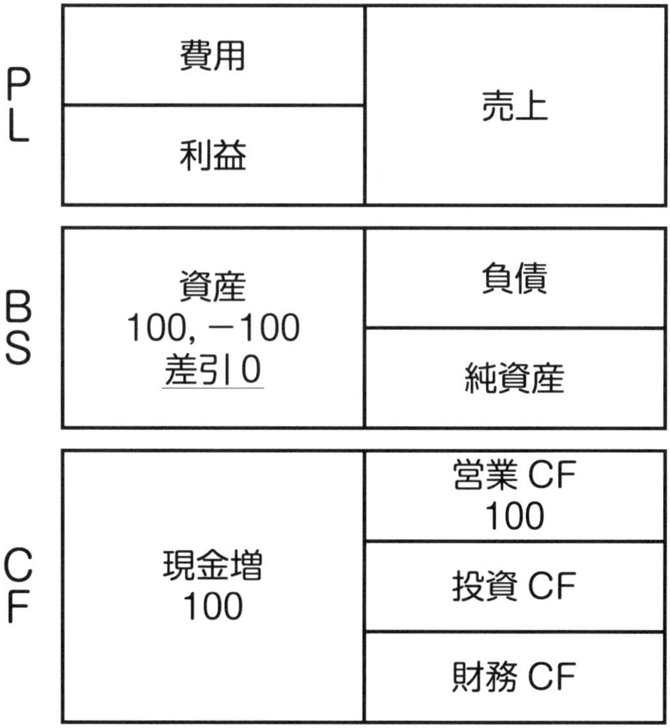

PL	費用	売上
	利益	
BS	資産 100, －100 差引0	負債
		純資産
CF	現金増 100	営業CF 100
		投資CF
		財務CF

図3-25 掛け仕入と3つの決算書

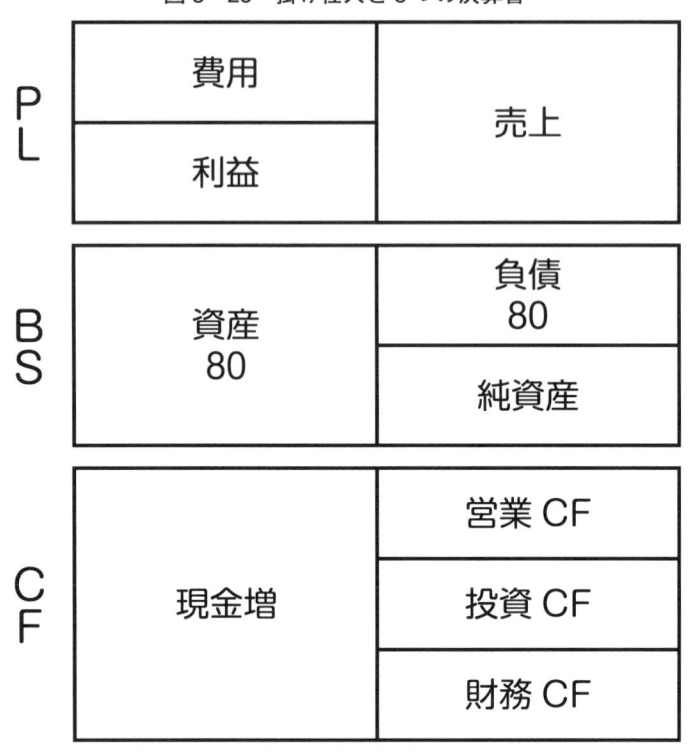

PL	費用	売上
	利益	

BS	資産 80	負債 80
		純資産

CF	現金増	営業CF
		投資CF
		財務CF

によるキャッシュ・フローが100となり、現金が100増えたことになります。

⑤　商品を掛けで仕入れた場合

　次は、商品の仕入です。図3-25を見てください。ある商品を、掛けによって80で仕入れたとします。仕入れるだけでは費用にならないことは、すでに説明しました。そのため、損益計算書に変化はありません。貸借対照表では、商品、すなわち資産が80増え、掛け仕入をしたことで、負債である仕入債務が80増えます。支払はまだですから、現金に増減はなく、キャッシュ・フロー計算書は変化なしです。

⑥　仕入債務の買掛金を支払った場合

　最後は、前例の仕入債務を支払った場合です。図3-26を見てください。

図3-26　仕入債務の支払と3つの決算書

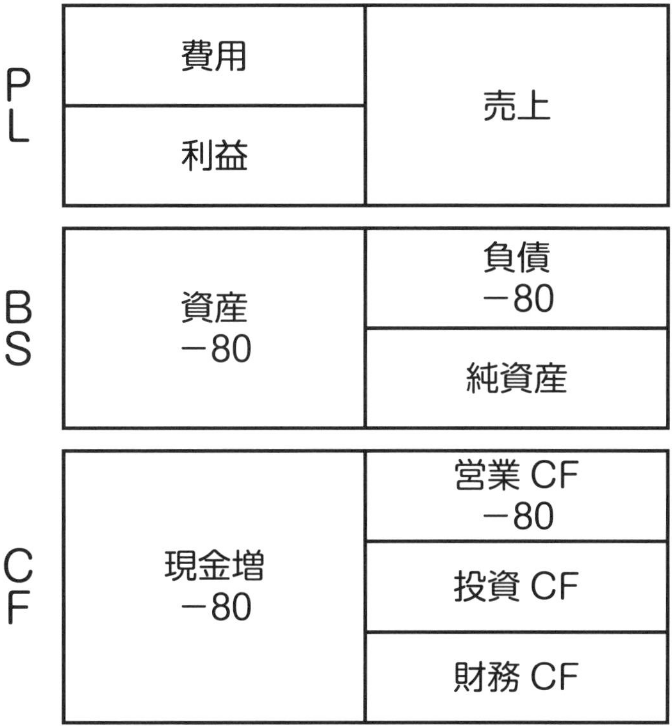

PL
| 費用 | 売上 |
| 利益 | |

BS
| 資産 −80 | 負債 −80 |
| | 純資産 |

CF
現金増 −80	営業CF −80
	投資CF
	財務CF

支払をしても費用には計上されませんので、損益計算書に動きはありません。貸借対照表では、仕入債務がなくなり、資産のうちの現金が80減ります。キャッシュ・フロー計算書でも、現金が80減り、仕入の支払ですから、営業活動によるキャッシュ・フローが80減ることになります。

第4章

戦略的経理マンに必要な情報リテラシーと財務分析

> この章では、これまで説明してきた決算書に関する基礎的な知識をもとに、本格的に決算書を読むことを理解していきます。戦略的経理マンにとって、一番重要な箇所といえます。
> 　財務分析については、さまざまな書籍が出版されていますが、その多くが財務分析で使う指標の意味と計算方法を羅列しているだけです。だから、学習する側は、それらの指標を一通り計算して満足してしまうのです。
> 　でも、計算するだけでは、経営は何も改善していきません。何が重要なのか、そして財務分析はどう進めるべきなのかを説明していきます。

1. 情報リテラシー

「情報リテラシー」という言葉があります。情報を扱う能力のことをいいますが、それは以下の3つの要素からなっています。

```
情報収集能力
情報分析能力
意思決定能力
```

(1) 情報収集能力

インターネットが普及した現在、本当に情報を集めやすくなりました。ここでいう情報には、インターネットなどを使って外部から集めてくる情報と企業の内部から集めてくる情報との2種類があります。戦略的経理マンの役割として、決算書を読むことは必須ですから、まずは決算書を入手することから始めなければなりません。試算表でも構いません。

しかし、多くの企業では、一部の人たちにしか決算書は公開されていません。それは、なぜなのでしょうか。安易に公開すると、社外に流出する危険性もあります。また、決算書の見方を勉強していない人に公開しても意味が

ないですし、役員報酬や給与など、人件費のところだけに注目してしまう人も多いのです。決算書を社内で公開するには、まず社外秘であることを告げ、決算書の読み方について事前に研修を行うといいでしょう。

　戦略的経理マンが集めるべき情報には、どういったものがあるでしょうか。決算書だけでなく、分析に必要な情報は広く集める必要があります。

　まずは、社内情報の情報源として、決算書以外に経営計画書もあるといいでしょう。経営計画書が作られていない、または入手できないのであれば、本来経営計画書に記されているべき情報を個別に集めても構いません。5年後や10年後の会社のビジョン、経営方針、目標数値などです。

　序章で説明したように、経理の役割は、企業の進むべき道を整えることです。これはまさに、戦略的経理マンが果たすべき役割です。その進むべき道が記されているものが経営計画書です。経営者がビジョンや経営方針を示していないのであれば、そのこと自体を問題点として指摘することも大切です。

　社外情報は、業界内情報と業界外情報に分けることができます。業界内情報は、業界雑誌や業界新聞の記事、業界に関連したインターネット上の情報などが該当します。得意先や協力会社など、自社に近いところから得られる情報も大切です。身近な企業と情報交換の場を持ち、常に情報が入ってくる仕組みを作っておくことも、戦略的経理マンの役割の1つです。

　業界外情報は、新聞やニュースなどから得ます。最近は、新聞を読まずにインターネット上のニュース記事だけを見ている人も多いようです。インターネット上のニュースは、興味のあるところだけに注目してしまい、偏りが生じます。一般的かつ重要な情報が集められている新聞は、視野を広げるためには不可欠な情報源です。特に、一面記事にある情報は、戦略的経理マンの能力を養う教材にもなります。「この記事が自社に与える影響は何だろうか」と考えるのです。

　関係がなさそうだと思えた場合は、まだまだ知識不足です。私は、一面記事の情報が影響しない業界など、存在しないと考えています。最初は、こじつけでも構いません。自社との関わりを考える練習をしてください。

（2）情報分析能力

　情報分析能力とは、集めた情報から法則を導き、未来を予測する能力のことです。ただ、これから説明するさまざまな財務指標の値を計算し、グラフなどわかりやすい形で表現することは、コンピュータが簡単な操作で時間をかけずにやってくれます。ですから、計算やグラフにする作業は、あまり人間が行う価値がないと思ってください。その値やグラフを読み解き、法則を導き、未来を予測することの方が大切です。

　戦略的経理マンらしい情報分析とは、コンピュータにより作成された表やグラフを並べることではなく、その表やグラフに、自分の意見を添えることです。表やグラフから何を読み取るのかが、大切なポイントとなるのです。

　たとえば、これからの日本は、人口が減少していきます。皆さんの会社が家庭用品の製造業や小売業であれば、需要は減少していくだろうと分析するでしょう。しかし一方で、世帯数はまだしばらく増加するという説もあります。「核家族化」というキーワードを思いつく人がいるかもしれません。では、人口ではなく、世帯によって需要が変化するものとは何でしょうか。携帯電話は１人１台のペースで普及しているので、人口の方が影響しそうです。それでは、冷蔵庫や電子レンジはどうでしょうか。「１人１台」ではなく、「一家に１台」です。核家族化により小型化していくかもしれませんが、販売台数は世帯増加に伴って伸びていきそうです。

　少子高齢化のキーワードもそうです。マイナスイメージで使われることが多いこの言葉は、健康や福祉の業界には、追い風になっています。子どもの減少は、学習塾にとってはマイナス要素となりますが、１人の子どもに投資できる金額が増えるため、費用がかかる家庭教師業にとってはプラス要素になります。

　このように、戦略的経理マンとしては、データが表す事柄が自社にとってどうなのか、必ず意見を添えるようにしてください。

（3）意思決定能力

　そして、何より大切なのは、意思決定能力です。分析により得られた未来

の予測に対して、取るべき行動を決定するのです。決定なき情報収集、情報分析は、一切無意味です。それは、たとえ収集や分析のみを依頼された立場であっても同じです。最終決定者が経営者だとしても、収集や分析を行う者は、自分の意思決定、すなわち「私であればこうします」という意見を添えることが大切なのです。

　強靭な企業を作り上げるためには、「強靭」の意味を考えなければなりません。「強靭」という語感からは、強くて固いコンクリートのようなイメージを持ちますが、実はコンクリートは曲げの力には弱く、すぐに折れてしまいます。だから、ビルや住宅のコンクリートには、曲げに強い鉄筋を中に組み込んでいます。

　「強靭」とは、どちらからの力にも折れることなく、力を受けてしなりながらも元に戻る状態のことです。企業がこのしなやかさを得るためには、さまざまな方面から検討する多様性が必要です。経営者に自分の考えや意見を告げることは、会社に対して多様性の1つを提供することにつながります。戦略的経理マンとして、ここは本当に大切なことですので、肝に銘じておいてください。

　また、「うちの会社は特別だから」という理由で、こうした一般的な分析を行わない企業も存在します。しかし、その発想は間違っています。なぜなら、特別でない会社など、存在しないからです。すべての会社にとって、財務分析は必ず役立つものです。ぜひ、一度行ってみることをお勧めします。

　戦略的経理マンにとっての意思決定は、その役割である「進むべき道を整える」ためのものです。進む先に障害となるものが存在するのであれば、金銭的な範囲にとらわれず指摘し、自分が経営者になったつもりで対応策を提案してください。そして、さらに一歩進んで、進むべき道そのものについても、誤っていないか検証するべきです。

　経営方針のもとでさまざまな計画を実行していくためには、大きな投資が必要になる場合もあります。ビジョンに向かって進むべき道は、1本とは限りません。リスクを下げることができる別の道はないか検討し、代替案を提

案することも、戦略的経理マンに求められる大切な能力といえるでしょう。

それでは、いよいよ財務分析について説明していきます。これまで述べた、情報リテラシーについての考え方をよく理解したうえで読み進めてください。

2. 財務分析

財務分析では、「財務」という手段を使って企業を分析します。では、どういったことが分析できるのか、また何から始めたらいいのか。ここでは、それらのことを説明します。

(1) 分析分野の一覧

分析分野の分け方はいくつもありますが、一般的な形で表したのが、図4－1です。それぞれの意味について、次から説明します（キャッシュ・フローについては、第7章で説明します）。

(2) どこから始めるか

分析を行うにあたって、収益が悪い、生産性が悪い、資金繰りが苦しい等の具体的な問題が顕在化している場合は、その分野から調べればいいのですが、収益が悪いといっても、実は資産効率が悪く、効率が落ちているのが原因だったりすることもあります。そのため、まずは全体を表す指標から健康診断的に分析を開始することをお勧めします。その指標とは、総資本経常利益率です。

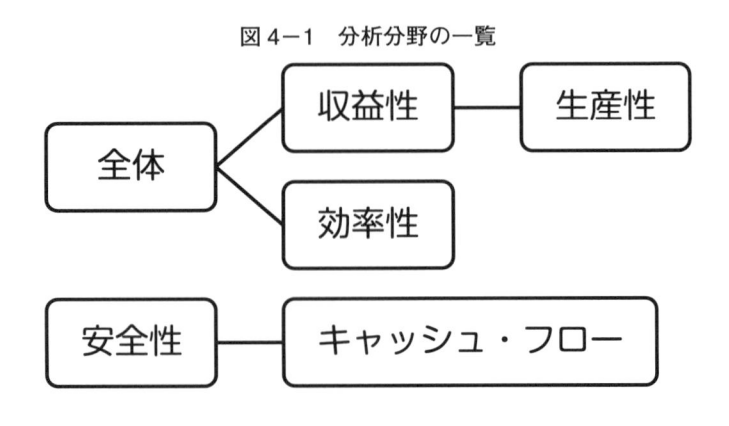

図4－1 分析分野の一覧

分析指標	計算式	意味
総資本経常利益率	$\dfrac{経常利益}{総資本} \times 100 (\%)$	収益性指標の基本。利益と総資本を比較する。

　総資本経常利益率は、「広義の収益性」ともいわれますが、これから始めるには理由があります。総資本経常利益率の計算式中にある経常利益は、損益計算書にある項目です。また、総資本というのは、言葉として決算書に出てきませんが、貸借対照表にある総資産のことなのです。つまり、基本的な決算書の2つである損益計算書と貸借対照表の代表的な項目から、1つずつ抜き出していることになります。ですから、スタートする場所として非常にバランスが良いのです。

　それでは、自社の決算書から総資本経常利益率を2年分（できれば、3〜5年分）計算してみてください。数字は高いほど良いのですが、いかがでしょうか。2年で比較すると、良くなっている場合、悪くなっている場合、変化していない場合の3パターンあります。

　どうして良くなったのか、またはどうして悪くなったのかを分析するには、次のように、総資本経常利益率を収益性と効率性に分解して考える必要があります。

(3) 収益性と効率性の掛け算

　全体を表す指標の総資本経常利益率が、良くなったり悪くなったりする理由は何なのでしょうか。分析を深く進めるためにお勧めなのが、第2章でも紹介した「掛け算で考える」方法です。今回は、全体の指標を、収益性と効率性の掛け算で考えるわけです。

$$\boxed{\quad 全体 \quad = \quad 収益性 \quad \times \quad 効率性 \quad}$$

　この算式を検証するために、収益性を表す代表的な指標「売上高経常利益率」と効率性を表す代表的な指標「総資本回転率」を紹介します。

分析指標	計算式	意味
売上高経常利益率	$\dfrac{経常利益}{売上高} \times 100 (\%)$	売上に対する経常利益の割合を示す。大きいと収益性が良い。
総資本回転率	$\dfrac{売上高}{総資本}$ (回)	いかに資本効率が良いかを示す。大きいほど良い。

　売上高経常利益率は、損益計算書の売上高と経常利益を比較した指標で、売上に対してどれだけの利益が出ているかを表しています。割合が大きければ高収益であり、低ければ低収益ということになります。総資本回転率は、企業の規模を表す総資本に対してどれだけ売上高が出ているかを表しています。同じ売上高でも、企業規模が小さければ効率的な経営をしていることになります。大きな企業で少ない売上高の場合は、何か非効率なことになっているわけです。

　ここで、売上高経常利益率と総資本回転率の計算式を見てください。少し数学的な話になりますが、2つを掛け合わせるとどうなるでしょうか。

$$\dfrac{経常利益}{売上高} \times \dfrac{売上高}{総資本} = \dfrac{経常利益}{総資本}$$

これは、いいかえると、以下の通りになります。

$$売上高経常利益率 \times 総資本回転率 = 総資本経常利益率$$

　これで、全体を表す指標が、収益性の指標と効率性の指標の掛け算であることが理解できたと思います。それでは、掛け算で考えると何がいいのでしょうか。もう一度、最初の掛け算の式を確認してみましょう。

> 全体 ＝ 収益性 × 効率性

　掛け算ですから、「全体が良くなっているのに、収益性も効率性も悪化している」という状態はありえません。逆に、「全体は悪くなっているのに、収益性も効率性も悪化していない」ということもありえないのです。全体が良いのであれば、少なくとも収益性、効率性のどちらかが良くなっており、全体が悪いのであれば、少なくとも収益性、効率性のどちらかが悪化しているのです。図4－2が、この関係を表しています。これをもとに分析を深めていこうというわけです。

　それでは、収益性と効率性の分析方法について説明していきましょう。

（4）収益性の分析

　収益性の指標、売上高経常利益率が好転または悪化した場合の原因について、より深く分析をしていきます。その際に大切なのは、損益計算書の構造を頭に思い描くことです。

図4－2　全体、収益性、効率性の関係

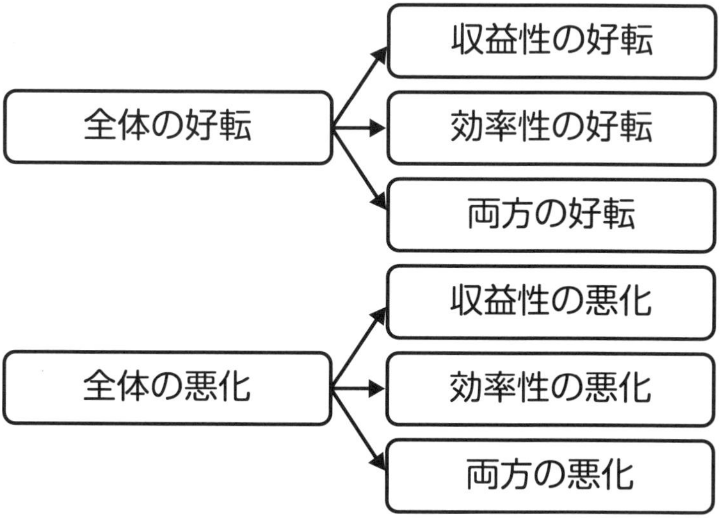

```
全体の好転 ─┬→ 収益性の好転
            ├→ 効率性の好転
            └→ 両方の好転

全体の悪化 ─┬→ 収益性の悪化
            ├→ 効率性の悪化
            └→ 両方の悪化
```

図４−３を見てください。損益計算書の売上高から経常利益まで記載しています。売上高経常利益率は、一番上の売上高と一番下の経常利益の比率ですから、変化の原因はこの中にあるはずです。たとえば、売上高経常利益率が悪化した場合には、その原因を下から順にさかのぼるように調べていくとわかります。図４−４もあわせて確認しながら、分析を進めてください。

図４−３　損益計算書の構造

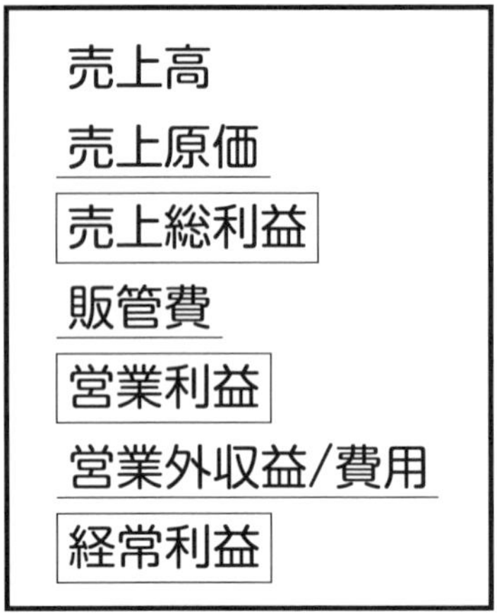
売上高
売上原価
売上総利益
販管費
営業利益
営業外収益/費用
経常利益

その方法ですが、まず経常利益も含め、四角で囲っている３つの利益に着目します。それぞれ売上高との比率を計算してみると、いろいろなことがわかります。たとえば、「売上高経常利益率も売上高営業利益率も悪化している。しかし、売上高総利益率は悪化していない。どういうことだろう？」という具合です。

図４−４　詳細な損益計算書のボックス図

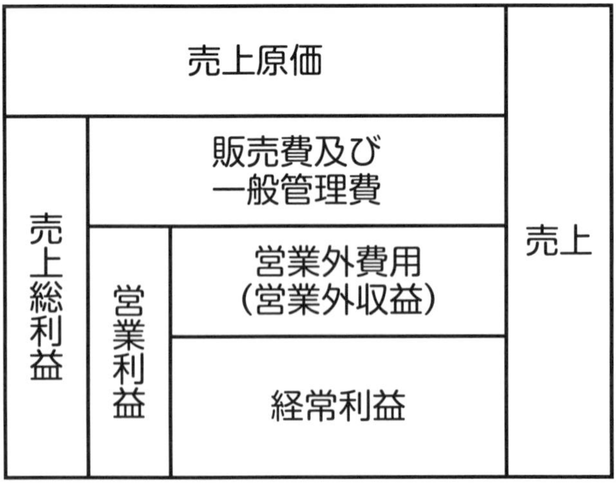
売上原価
販売費及び
一般管理費
売上総利益
営業利益
営業外費用
(営業外収益)
経常利益
売上

分析指標	計算式	意味
売上高総利益率	$\dfrac{売上総利益}{売上高} \times 100(\%)$	販売費・一般管理費や支払利息などを考慮しない利益を分析する。
売上高営業利益率	$\dfrac{営業利益}{売上高} \times 100(\%)$	本業の儲けを分析する。

以下に、売上高経常利益率が悪化する3つの代表的なパターンについてまとめてみました。

	売上高経常利益率	売上高営業利益率	売上高総利益率	原因
1	悪化	悪化	悪化	売上原価
2	悪化	悪化	変化なし	販管費
3	悪化	変化なし	変化なし	営業外費用

① 売上総利益と売上原価

　1つ目は、売上高経常利益率、売上高営業利益率、売上高総利益率すべてが悪化しているパターンです。この場合、直接的な原因は売上総利益ですが、本当の原因は利益ではなく、その直前に差し引いた費用にあることに注意してください。売上総利益の直前の費用とは売上原価ですから、原因は売上原価にあることになります。

　それでは、売上原価を減らす方策を考えていきましょう。

　まず、調達方法の見直しです。一度に多くの仕入を行うと、一般的に単価が下がります。しかし、この方法は必ずしも良いとは限りません。確かに単価は下がるかもしれませんが、一度に大量に仕入れるには、資金が必要です。その資金の調達に借入を利用していては、利息負担の分だけ帳消しになってしまいます。また、大量の仕入は在庫が増えることを意味しますから、在庫のデメリットが関係してきます。在庫については、あとで登場する棚卸資産の説明を参照してください。

次の方法は、リードタイムを短縮することです。製品作りに要する期間を短縮する工夫は、そのほとんどが原価削減につながります。製品作りに関わる人件費、設備のリース料、工場の地代家賃等、時間に応じてかかるコストは、リードタイムの短縮により削減されると考えてください。

　ただし、注意点があります。それは、リードタイムの短縮により余った時間が発生しても、機械設備の稼働率を上げるためにムダなものを作ってはいけないということです。売り先のない在庫品が増えることになります。

　その他にも、さまざまな方法があります。最後に、トヨタ生産方式などで改善ポイントとしてあげられる「7つのムダ」を、図4−5に掲載します。このムダをなくす改善活動に取り組むのもいいでしょう。

② 営業利益と販管費

　2つ目のパターンは、売上高経常利益率、売上高営業利益率は悪化しているのに、売上高総利益率には変化がないという場合です。このときの原因は直接的には営業利益ですが、本当の原因はその上の費用、すなわち販管費にあります。

図4−5　7つのムダ

```
1  作りすぎのムダ
2  手待ちのムダ
3  在庫のムダ
4  運搬のムダ
5  動作のムダ
6  作業そのもののムダ
7  不良・手直しのムダ
```

それでは、販管費を減らす方策について考えてみます。販管費の内訳を確認すると、給与などの人件費、減価償却費、水道光熱費などの経費の3つに分類できます。

まずは人件費ですが、削減の前に考えるべきことがあります。たとえば、残業代を減らしたいと考えたとします。一生懸命取り組んだのに時間が足りず、必要に迫られて行った残業は認めるべきでしょうが、社員のモチベーションが上がらず、ダラダラと仕事をしてムダな残業を行っていれば、それは削減すべきです。しかし、この2つをどう区別すればいいでしょうか。それは、付加価値という指標で計算することができます。生産性の分析のところで詳しく見ていきますが、人件費の削減を考える前に、生産性分析によって付加価値について考察しなければならないことは覚えておいてください。

次は、減価償却費です。減価償却費とは、機械設備等を適切なルールに従って目減りさせていった費用のことです。実際には支出を伴わないので、減価償却費の削減は、コスト削減とは少し意味合いが違います。収益性をよく見せるために、減価償却を行わない企業もあります。会計のルールとしては、それでもいいことになっています。しかし、税法では決められた償却が必要とされています。

会計上は減価償却をしないで、税法上は減価償却を行う。話がややこしくなってきましたが、企業は決算書を作成して税務申告を行います。決算書上は、減価償却をしなくても問題はありません。次の税務申告のときに、正しく申告すればいいのです。この会計上と税務上の処理の違いは、申告書の別表16というところに現れてきます。決算書上、収益性をよく見せるために減価償却をしなかったとしても、別表16を見れば、本来減価償却すべき金額が表示されています。そのことを知っている人は、決算書とあわせて別表16も必ずチェックしています。

最後に、残りの経費です。「ムダなコストを削減しよう」とスローガンを掲げ、経費削減に取り組むことも大切です。しかし、前述したように、事業活動の中で何か新しいことに取り組むためには、必ずコストが発生します。

そうした取組みの費用まで削減してしまっては、何も進歩しません。企業の方向性、方針に照らし合わせて、必要なコストはかけるようにしましょう。

③ 経常利益と支払利息

3つ目は、売上高経常利益率だけが悪化しているパターンです。もちろん、原因は経常利益ではなく、その上にある営業外費用です。この中身のほとんどは、支払利息です。支払利息を減らすには、借入金を減らす方法と借入条件を改善させる方法の2つがあります。

借入金を減らすために必要な資金繰り管理は、第7章で説明します。借入条件の改善には借換えなどを行いますが、国や自治体が行っている制度融資を活用することも検討します。制度融資については、自ら情報を集めて活用を検討する必要があります。以下のURLが、制度融資や助成金について調べるのにとても便利です。

支援情報ヘッドライン
https://j-net21.smrj.go.jp/snavi/

---

④ かけていいコスト、いけないコスト

ここまで、収益性を分析し改善していく方策について説明してきました。ここで、もう1つ大切なことをお伝えします。売上原価、販管費、支払利息は、すべてコストです。もちろん、ムダなコストを抑えていかなければ、コストダウンは成功しません。削減できるものは削減しましょう。

しかし、本来必要なコストまで抑えることになると、それは企業の活動そのものを縮小していくことにつながります。縮小戦略という言葉があります。事業活動を抑え、最小限の売上高で最低限必要な利益を確保していこうという戦略です。これは、一時的に実施することはありえますが、永続的に縮小戦略を行うことは、企業の発展とは逆方向に作用します。自社の発展のために、かけるべきコストはしっかりとかけていきましょう。

省いていいのは、ムダなコストだけです。目の前だけを見て、必要なコス

トかムダなコストかを判断してはいけません。皆さんの会社が描く未来の姿を思い浮かべながら、そのコストが必要なのかどうかを判断してください。

(5) 効率性の分析

次は、効率性です。総資本回転率が好転または悪化した場合の原因を分析していきます。収益性の分析は、損益計算書の構造を考えながら進めましたが、こちらは貸借対照表です。貸借対照表の左側、資産に着目します。

資産のすべての合計が、総資本でした。そして、総資本回転率が悪化した場合は、売上高に対して総資本が多すぎて効率が悪くなったことを意味します。図4-6に示すように、総資本の中で代表的なものは、現預金、売上債権、棚卸資産、固定資産の4つです。これらの中で、多くなりすぎて困るのは、売上債権、棚卸資産、固定資産の3つです。総資本回転率が悪化したら、それぞれの回転率を調べてみてください。

次ページに、それぞれの回転率の計算方法、意味についてまとめています。

総資本回転率が悪化した場合、これら3つの指標のうちどれかが悪化しているケースがほとんどです。悪化している指標を見つけて、改善策を講じることが大切です。

図4-6 貸借対照表の左側（資産）

流動資産	当座資産	現預金
		売上債権
	棚卸資産	
固定資産		

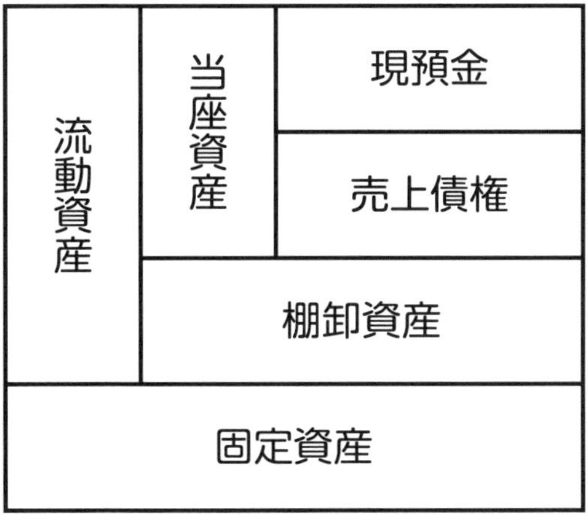

分析指標	計算式	意味
売上債権回転率	$\dfrac{売上高}{売上債権}$（回）	売上債権（売掛金、受取手形等）の滞留を示す。
棚卸資産回転率	$\dfrac{売上高}{棚卸資産}$（回）	棚卸資産（材料、仕掛品、商品）の在庫の回転を示す。高いほど在庫として滞留している期間が短いこととなる。
固定資産回転率	$\dfrac{売上高}{固定資産}$（回）	設備等の投入資産を効率的に活用できているかを示す。

① 売上債権回転率

まずは、売上債権回転率です。売上債権が大きくなるのを防ぐための方策を考えてみましょう。売上債権を減らす方策として主なものは、以下の3つです。

> 請求タイミングの管理
> 割引、ファクタリング
> 取引条件の見直し

（ア）請求タイミングの管理

第一に、請求タイミングの管理です。業務が完了したら、得意先との契約条件に従い請求を行いますが、得意先の締日ごとの支払処理となるため、締日を過ぎてしまうと、翌月の締日まで先送りとなってしまいます。1日の遅れが、1ヵ月になってしまうのです。そして、入金も1ヵ月遅れることになりますので、資金が足りなくなり、ムダな借入をすることにつながるかもしれません。案件ごとに、得意先の締日はしっかりと管理しておく必要があります。

(イ) 割引、ファクタリング

次に、割引やファクタリングです。割引とは、期日前に受取手形を金融機関で現金化することですが、割引料がかかってしまいます。また、ファクタリングとは、受取手形を買い取ってもらうことですが、これも額面より低い金額になるため、差額はコストとなってしまいます。

早く現金化できるのはメリットですが、割引料などのコストがかかるうえに、受取手形の発行企業が倒産すると、その額面に対しての支払義務（買戻義務）が自社に発生してしまいます（ファクタリングの場合は、契約の内容によります）。資金調達のために割引をするわけですから、その時点で手元に資金が残っていない場合が多いでしょう。金融機関に、その分の資金を追加融資してもらうことになりますが、融資が通らなかった場合には、資金繰りが急激に悪化します。割引やファクタリングには、このようなリスクがあることに注意しておいてください。

(ウ) 取引条件の見直し

最後は、取引条件の見直しです。長期的な視野に立った活動が必要ですが、得意先に対して取引条件の見直しを交渉するわけです。相手のあることですから、なかなかうまくいきません。条件見直しの代わりに、値下げを要求されることもあります。交渉ですから、それも当然です。単価を下げることは避けたいですが、条件見直しにより運転資金のための融資が不要になるのであれば、収益改善のメリットもあるわけです。条件が見合えば進めてください。

ただし、本来、単価を下げることはやるべきではありません。理想的な形は、「取引条件を変更したとしても、御社の製品やサービスが欲しい」と相手に思わせることです。それはすなわち、自社の競争力を磨くということです。競争力が高まれば、買いたたかれることも、悪い取引条件を受けることもありません。優位に交渉を進めるためには、自社の競争力が必要なのです。企業の競争力については、このあとの生産性のところで解説していますので、参照してください。

② 棚卸資産回転率

次は、棚卸資産回転率です。棚卸資産を減らす方策として主なものは、以下の通りです

```
ABC 分析の実施
リードタイムの短縮
5S 活動
```

(ア) ABC 分析の実施

まずは、ABC 分析について説明します。自社の取扱商品を、売上高の高い順に並べてみてください。図4-7のようになると思います。

そして、多くの企業の場合、最初のいくつかの商品で、全体の売上高の多くの割合を占めているのです。これを、「80：20の法則」といいます。上位20％の商品で、売上の80％を占めるという意味です。ちょうど80：20になることはないと思いますが、似たような傾向が、皆さんの会社にもあるでしょう。

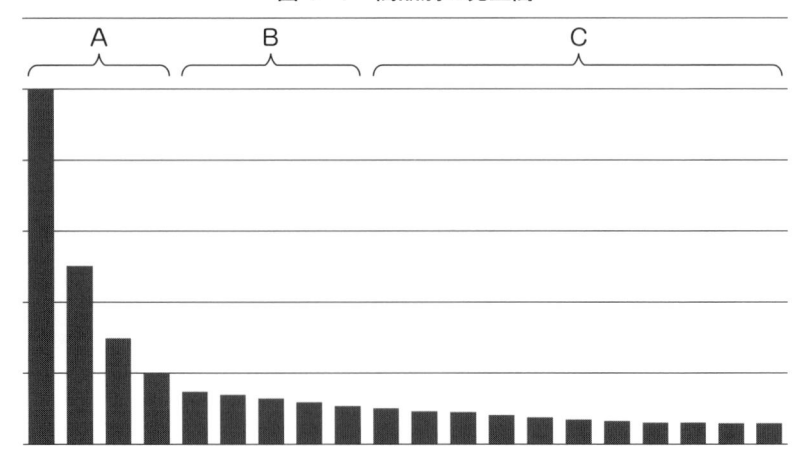

図4-7　商品別の売上高

当然、上位の商品が重要であり、在庫管理もしっかり行う必要があります。そこで、商品をAグループ、Bグループ、Cグループの3つのグループに分け、管理の仕方を変えていくというのが、ABC分析の考え方です。分析を行うには、商品ごとの売上高がすぐに集計できなければなりません。販売管理のシステムなどを活用して集計するようにしてください。

そして、それぞれの在庫管理の方法には、たとえば、Aランクは定期発注方式、Bランクは定量発注方式、Cランクはダブルビン方式を採用します。

定期発注方式は、決められた期間ごとに発注する方式です。発注量は、その都度変わります。時間の経過と在庫量の関係の例を示すと、図4-8のようになります。

この場合、1回目は、次の発注までの期間が繁忙期であるため、大量の発注を行っています。逆に、2回目の発注は、次の期間が閑散期であるため、少量に抑えています。時期、前年度の同時期の販売数、今年の商品の売れ行きなどを考慮して、発注量をその都度決めていきます。

定量発注方式は、発注する量を一定にして、必要な時期に発注する方式です。グラフにすると、図4-9のようになります。

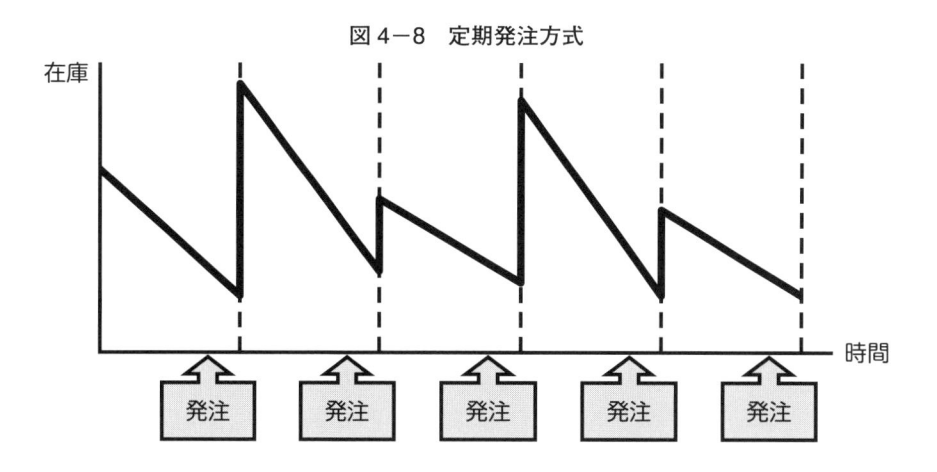

図4-8 定期発注方式

図4-9　定量発注方式

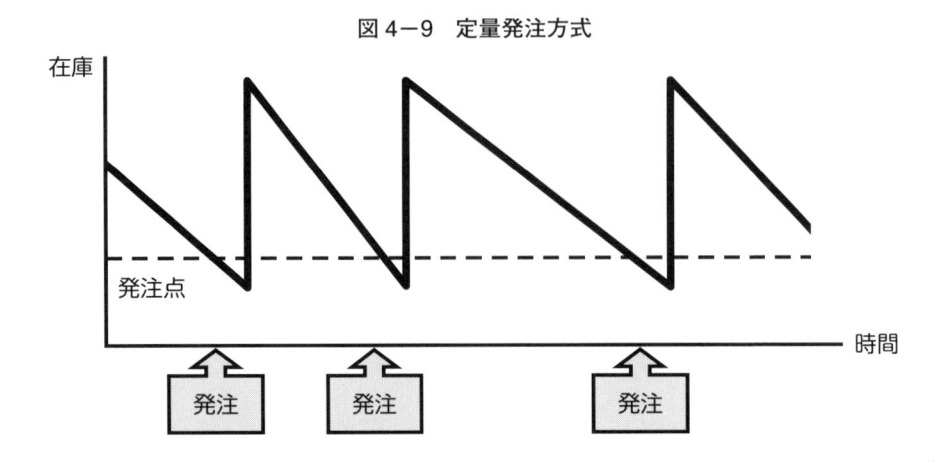

　定量発注方式では、あらかじめ発注点と呼ばれる在庫量と、1回当たりの発注量を定めておきます。発注点とは、発注してから納品されるまでの納入期間中も欠品が起こらないよう、ある程度確保しておく在庫量のことです。1回当たりの発注量が多ければ、それだけ発注する回数は少なくてすみますが、一度に大量の発注を行うため、在庫量が増してしまいます。在庫のデメリットは、第2章ですでに説明しましたので、確認しておいてください。一度発注点と発注量を定めてしまえば、細かな分析を行うことなく発注業務ができます。

　最後は、ダブルビン方式です。これは読んで字のごとく、2つのビン（在庫を入れておく箱）を用意し、片側から使用していき、片側が空になったら、ビン1つ分を発注します。もう1つのビンがありますから、届くまでの間に困ることもありません。とても簡単な在庫管理の方法です。

　ただし、在庫量が多くなる傾向にあるので、以下の3条件を満たす商品が適しています。

図4-10　ダブルビン方式

> 欠品しては困る
> 流行り廃りが少なく、販売量が安定している
> 安価である

（イ）リードタイムの短縮

　リードタイムとは、原材料の状態から加工し製品になるまでの時間を指します。リードタイムを短縮することのメリットは、主に以下の2つです。

> 仕掛品などの在庫量を減少させることが可能
> 時間短縮により間接経費の削減が可能

　リードタイムの短縮には、制約理論が役立ちます。ここで、制約理論の説明によく使われる遠足の例を紹介します。図4-11を見てください。子どもたちが遠足で山に出かけて、全員が頂上まで到着すればお弁当を食べることになっていました。当然、足の速い子は先に進み、遅い子は遅れがちになります。帽子をかぶった子が、一番遅い子です。

　この列を工場での生産の流れと考えれば、列の長さはリードタイムにあたります。この列の長さを短くするには、どうしたらいいでしょうか。

図4-11　遅れている子がいて列が長い

図4-12 リードタイム短縮と分散によるスピードアップ

　図4-12を見てください。1つの方法は、帽子をかぶった子に先頭を歩いてもらうのです。当然、渋滞ができて、列はつまります。すなわち、リードタイムが短くなるのです。でも、結局、帽子をかぶった子がゴールしなければお弁当を食べられませんので、昼食の時間は変わりません。この帽子をかぶった子のことを、ボトルネックといいます。ボトルネックをなるべく前工程に持ってくることで、リードタイムが短縮されます。

　もう1つは、ボトルネックの処理速度を速めることを考えます。遠足の例では、荷物を他の子に分担してもらって、歩く速度を速めてもらうことにあたります。

(ウ) 5S活動

　棚卸資産を減少させる方策の最後は、5Sです。5Sとは、以下の5つの活動のことです。

```
1  整理：要らないものを捨てること
2  整頓：要るものの置き場所を決めること
3  清掃：掃除をしてきれいにすること
4  清潔：整理、整頓、清掃を維持すること
5  躾：決めたことを守り続けること
```

まずは、整理です。要るものと要らないものに区分し、要らないものは捨てます。要るかもしれないものは、期限を定めて保管し、誰も触らなければ要らないものとして処分します。捨てることは、棚卸資産の圧縮につながります。また、保管スペースも小さくなりますので、倉庫代などの経費削減にもつながります。

次は、整頓です。整理して空いたスペースも活用しながら、要るものの置き場所を決めていきます。ポイントは、各人に所有させずに１ヵ所に集めることと、全員にその置き場所を周知させることです。１ヵ所に集めることで、全体の在庫量が把握でき、ムダな発注を抑えることができます。置き場所を周知させることにより、勘違いによる発注も抑えることができますし、ものを探すムダな時間を減らすことにもつながります。

清掃は、品質の向上、生産現場の安全確保にもつながります。

清潔とは、きれいな状態を保つことです。整理、整頓、清掃が行き届いている状態を維持します。これにより、整理、整頓、清掃で得られる効果を持続させるのです。

最後は、躾です。躾といっても、礼儀作法を学ぶわけではなく、ここでは決められたルールを守ることをいいます。捨てるためのルール、置き場所のルール、清掃のルール、そして、それを維持するというルール。これら４つのルールを全員が守れる会社が、躾の行き届いた会社というわけです。

③　固定資産回転率

最後の指標は、固定資産回転率です。固定資産を減らす方策は、以下の通りです。

```
固定資産の売却
固定資産の再評価
固定資産の除却
```

まずは売却についてですが、帳簿上の価額より高い金額で売却できれば、売却益を計上します。低い金額の場合は、売却損を計上します。売却益が出れば利益も増えますので、税額も増加します。売却によって得られたキャッシュで納税に備えます。

再評価とは、帳簿上の価額を時価に見直すことです。価値が上がっていれば評価益、下がっていれば評価損を計上します。売却のときと異なり、評価益はキャッシュが得られるわけではありません。評価益により税額が増えた場合の資金調達を考えなければなりません。

除却とは、廃棄することです。帳簿上の価額の分だけ、除却損を計上します。

売却損、評価損、除却損すべてに共通していえることですが、固定資産にかかわる損は金額が大きい場合が多く、これにより収益が悪化し、赤字となることもあります。そうなれば、損益計算書の見た目が悪くなり、金融機関等からの評価も低下してしまう可能性があります。そのため、損失を計上する場合には、注意が必要です

④ 総資本回転率が悪化しても効率が落ちていない状態

効率性を分析する際、次のようなケースに注意しておかなければなりません。それは、前年とまったく同じ売上高を確保し、同じ利益が出ていて、売上債権、棚卸資産、固定資産の額も同額だった場合です（図4-13）。

図4-13　利益の分だけ総資産回転率が悪化

	01年度	02年度
売 上 高	100	100
経常利益	10	10
当期利益	10	10
総 資 産	240	250
売上債権	50	50
棚卸資産	50	50
固定資産	100	100

この図では，わかりやすくするために，単位を省略しています。総資産は、利益の分だけ純資産が増えるため増加します。01年度の240から当期利益の10だけ増加して、02年度は250となっています。しかし、売上債権、棚卸資産、固定資産の額は変動していません。このようなケースはありえるのでしょうか。

答えは簡単で、貸借対照表の左側、資産の部の中身を確認すればわかります。資産の中は、売上債権、棚卸資産、固定資産だけではありません。総資産が10増えた理由は利益ですから、現預金が10増えたのかもしれません。

これは、単純化した特別な例ですが、この例から学ぶべきことは、次の2つです。

・総資産回転率が改善または悪化したとしても、売上債権回転率、棚卸資産回転率、固定資産回転率の変化が伴わない場合がある

・利益は総資産を増加させるため、総資産回転率を悪化させる要因となる

---

(6) 生産性と付加価値の分析

次は、生産性です。「うちの会社は生産性が悪い」と嘆く経営者がたくさんいますが、実はその生産性を科学的に分析したことがない人がほとんどです。また、「付加価値」という言葉がありますが、実は財務分析の中では、付加価値も科学的に求めることが可能です。ここでは、そうした生産性や付加価値について説明します。

① 付加価値と人件費

販管費を減らす方策を考える際には、人件費が1つのポイントになります。コストの中で大きなウェイトを占める人件費ですが、人材は企業の競争力そのものですから、やみくもに削っては競争力が失われ、収益性が逆に悪

化してしまいます。

　生産性とは、その人材が企業の付加価値を生んでいるかどうかを分析したものです。まずは付加価値についてですが、簡単な例を使って説明します。パン工場でパン職人がパンを作っている姿を思い浮かべてください。

　パンを作るのに必要な材料が、仮に10（単位略、以下同）だったとします。パン職人がパンを作って、それが100で売れたとすれば、利益は90です。このパン職人が生んだ付加価値は、90というわけです。ただ、パン職人への給料が30かかったとしたらどうでしょうか。利益は60に減りますが、パン職人が10の価値のものを100にした事実は変わりません。ですから、付加価値は同じく90のままです。利益と給料の和が、付加価値となるわけです。付加価値を計算する一番簡単な式を紹介します。

$$付加価値額＝営業利益＋人件費＋減価償却費$$

　この付加価値を従業員数で割ると、1人当たりの付加価値額を求めることができます。これが、労働生産性という指標です。また、人件費はこの付加価値から生み出されるべきものですが、付加価値のうちどれぐらいが人件費にあてられているかを示す指標が、労働分配率です。これに、従業員1人当たりの人件費を合わせた3つが、生産性の中で人件費にスポットを当てた指標といえるでしょう。

分析指標	計算式	意味
労働生産性	$\dfrac{付加価値額}{従業員数}$（円）	従業員1人当たりの付加価値額を示す。
労働分配率	$\dfrac{人件費}{付加価値額} \times 100$（％）	付加価値額に含まれる人件費の割合を示す。
従業員1人当たり人件費	$\dfrac{人件費}{従業員数}$（円）	従業員1人当たりの人件費を示す。

これらの値が、直近3年間でどのように変化しているかを調べてみてください。もし、労働生産性が落ちていないのであれば、人員削減はそのまま付加価値の低下を招きます。付加価値額は、労働生産性と従業員数の積といいかえることができるからです。

$$付加価値額 = 労働生産性 \times 従業員数$$

② 付加価値潜在力

生産性のこれまでの指標には、1つ問題点があります。労働生産性のように、付加価値が従業員数で平均されてしまうと、「従業員が生み出す付加価値は、年齢や経験を問わず一定である」という前提で話が進みがちになることです。

これは、とても危険な考え方です。新入社員を雇用しても、当面その人は付加価値を生み出すことができませんから、労働生産性は当然ながら減少します。戦略的経理マンとしては、自社の人事戦略、とりわけ雇用に関しての方向性を理解して分析しなければなりません。そこで、ある1つの指標を考えてみました。

年齢、経験をすべて個別に分析することは困難ですが、年齢と経験がある程度比例すると考えれば、以下のような指標も利用できます。

$$付加価値潜在力 = 労働生産性 \times 従業員数 \times (退職年齢 - 平均年齢)$$

これは、生産性の分析に年齢を加味した指標といえます。その会社が、今後、どれぐらいの付加価値を生み出す力を持っているかを表しています。これまでの過去の分析と違い、未来に目を向けた指標ともいえます。この付加価値潜在力を落とさないようにすることが大切で、そのためには、次のような方法が考えられます。

> ・労働生産性を向上させる（付加価値向上）
> ・従業員数を増やす（雇用）
> ・退職年齢を引き上げる（定年制度見直し、嘱託制度の活用）
> ・平均年齢を下げる（新規採用、高卒採用）

　図4−14のような表を作成して、今後3年間の付加価値潜在力を予測してみてください。付加価値の源泉としてどのような事業を行うのか、また、人材への投資等、どのような人事戦略を描くのか、この2つは、必ず詳細に記述してください。

③　付加価値の源は競争力

　付加価値額は、営業利益、人件費、減価償却費の和で求められると説明しました。ただ、人件費、減価償却費を上げると営業利益が減少するので、付加価値額を上げるためには、営業利益を向上させる必要があるのです。そのために必要なのが、強みや競争力です。

　皆さんの会社の強みや競争力は何でしょうか。きっと多くの企業が、「品

図4−14　付加価値潜在力の予測

	3年後	2年後	1年後	現在
付加価値潜在力				
事業内容と付加価値				
目標付加価値額				
人事戦略				
目標従業員数				
退職年齢				
平均年齢				

質」と答えるでしょう。それでは、どのような品質でしょうか。品質の何が優れているのでしょうか。案外、答えに詰まってしまう方が多いものです。なぜなら、自社の競争力について、あまり深く考えたことがないからです。

「うちの会社に強みなんてないよ」という経営者もいます。競争力のない会社は、淘汰されてしまいますし、そのような考え方は、支持してくれている顧客に対して失礼ともいえます。すべての会社が、何らかの強みや競争力を持っているはずです。それでは、競争力にはどのようなものがあるのでしょうか。図4-15にまとめてみました。

要素のQCDSEは、それぞれ英語の頭文字を取ったものです。

Q（quality）は、品質です。例に示したように、多岐にわたります。これらは、エンドユーザー（消費者）に直接訴求できる場合もあります。しかし、法人向け事業（B to B）の場合は、注意が必要です。顧客となる企業が皆さんの会社の商品やサービスを利用する理由は、売上を向上させたり、コストを削減したりして、顧客自身の業績を良くするために他なりません。

皆さんが自社の強みだと思っていても、それが顧客の業績に貢献しないと、一人よがりの強みとなってしまいます。顧客の売上向上につながるのか、コストが下がるのか、その理由も踏まえて考えてみる必要があります。それ

図4-15　企業の競争力

要素	意味	例
Q	品質	デザイン、機能性、効率性（資源、時間）、保守性、障害許容性、回復性、運用性、安定性　など
C	コスト・原価	購買能力、生産能力、改善能力　など
D	納期・スピード	生産能力、協力会社、5S、ワンデーレスポンス　など
S	付帯サービス	無料点検、運用メンテナンス、維持管理、ポイントシステム　など
E	環境	環境負荷低減、産廃リサイクル、環境保全　など

は、Qだけに限らず、すべての競争力についていえることです。

C（cost）は、価格です。しかし、単なる値下げは含まれません。なぜなら、値下げによって、利益も減少するからです。当然、付加価値も下がってしまいます。値段を下げても利益は減らさない努力と工夫が必要です。

D（delivery）は、納期・スピードです。納期は、製造のリードタイムを短くすることだけではありません。営業担当者や事務担当者の処理スピードを高めることも大切です。そこでお勧めしたいのが、ワンデーレスポンスです。時間のかかる作業を依頼された場合であっても、その依頼者に対して、当日または翌日までに何らかのレスポンスを返そうという考え方です。自治体などでも、取組みが進んでいます。

S（service）は、付帯サービスです。今は、良いものを作っても、なかなか売れない時代です。そのため、顧客に対してさまざまな提案をしていく必要があります。すべての企業が、「サービス業」の考え方を取り込むことが必要となってきています。

たとえば、花火の小売店を考えてみましょう。最近は、公園や河川敷などでも、花火禁止の場所が増えてきました。また、スマートフォンなどの普及で、離れていても交流ができるため、皆で集まって何かをする機会も減ってきました。

時代の流れで、花火屋は厳しい経営環境を強いられているわけです。そこで必要なのが、花火の楽しみ方を提案することです。花火ができる場所のマップを作成して提供することは、その第一歩でしょう。さらに進んで、さまざまな顧客のニーズに耳を傾け、最適な花火を提案することも可能です。「同窓会の最後に、皆で花火をして盛り上がりたい」、「静かなところで花火をしながら、プロポーズをしたい」といったニーズに応えるのです。盛り上がりたいのであれば、最初は小さな花火から始まり、クライマックスは大型の花火、最後は線香花火で締めくくるといったプログラムの組立てと、各場面で必要な花火をセットで提供できるでしょう。プロポーズのニーズに対しては、サプライズで花火を打ち上げる仕掛け役の派遣も考えられます。この

ように、すべての企業にとって、サービスの提案が不可欠になってきています。

E (environment) は、環境です。環境に良い製品は、コストがかかり高くなるイメージがあります。当然、価格重視の顧客への販売は困難です。しかし、環境意識が高く、環境に配慮しているイメージを大切にしている企業もたくさんあります。このEに関しては、ターゲット顧客をどこに設定するかが大切なポイントです。最近は、「売電」などの支援施策もあり、環境にやさしく、コストも安く抑えられるものも出てきました。

④ 設備と付加価値

生産性分析の最後に、設備に目を向けてみましょう。固定資産の中の建物や機械設備が、付加価値にどのように寄与しているかを分析することができます。設備生産性という指標です。この値が高いほど、機械設備が有効に機能しているといえます。

ただし、同じ機械であっても、古くなったものを買い替えると、生産能力は変わらないのに固定資産の金額が増えてしまい、設備生産性が低くなることもあります。逆に、時間の経過に伴って固定資産の価値は減少していきます（減価償却）ので、自然と設備生産性が上がるという問題もあります。そのため、設備生産性の計算で使う機械設備などの金額は、減価償却を加味しない取得価額を使うといいでしょう。

分析指標	計算式	意味
設備生産性	$\dfrac{付加価値額}{有形固定資産} \times 100(\%)$	機械設備が付加価値に寄与している度合いを示す。
労働装備率	$\dfrac{有形固定資産}{従業員数}$ (円)	従業員1人当たりの有形固定資産を示す。

(7) 安全性の分析

最後は、安全性です。安全性を示す指標には、以下のようなものがあります。流動比率、当座比率は短期的な支払能力の分析に、固定比率や固定長期

適合率は資金の長期運用の分析に使います。どちらも第3章で、「支払能力と投資状況が気になる状態」として紹介した考え方を、財務指標で表したものです。

分析指標	計算式	意味
流動比率	$\frac{流動資産}{流動負債} \times 100 (\%)$	短期（1年程度）の返済能力を示す。
当座比率	$\frac{当座資産}{流動負債} \times 100 (\%)$	超短期（3ヵ月程度）の返済能力を示す。当座資産は、流動資産から棚卸資産や貸倒引当金を控除したもの。
固定比率	$\frac{固定資産}{自己資本} \times 100 (\%)$	建物・設備などの固定資産が、自己資本だけでどの程度まかなわれているかを示す。
固定長期適合率	$\frac{固定資産}{固定負債 + 自己資本} \times 100 (\%)$	固定比率を補完する指標。長期的な運用資金で固定資産がどの程度まかなわれているかを示す。
自己資本比率	$\frac{自己資本}{総資本} \times 100 (\%)$	すべての資産のうち、返済不要である自己資本が占める割合を示す。

① 流動比率と当座比率

　流動比率や当座比率を使って短期的な支払能力を分析しても、実はあまり意味がありません。短期的な支払能力は資金繰りに直結する問題で、年に一度しか出てこない決算書で分析するものではないからです。これらの分析には、ぜひ試算表を活用してください。

② 固定資産と投資戦略

　固定比率や固定長期適合率については、自社の投資戦略に基づいて分析を行う必要があります。財務分析の書籍などには、「固定比率が悪い場合は、

遊休資産などの売却を行って、固定資産を圧縮しましょう」と書いてあります。教科書としてはそれでいいのかもしれませんが、それでは分析したとはいえません。競争力維持のために、性能の良い機械設備を導入する戦略をとっていたとしたら、当然、固定比率や固定長期適合率は悪化します。その数字だけを捉えて、遊休固定資産の売却を提案するのでは、戦略的経理マン失格です。

また、固定資産の売却には、大きな問題があります。今の景況などから総合的に判断すれば、自社で保有する固定資産（特に土地）が帳簿上の価額より高く売却できることは少ないでしょう。ここで、第3章で説明した簿価と時価の問題が出てきます。

売却すれば、簿価と時価（売価）の差額を、固定資産売却損として計上することになります。これは時価で評価するのと同じことで、売却損が大きくなると利益剰余金を食いつぶし、さらには資本金も食いつぶし、結果的に債務超過に陥ることも考えられます。固定資産は圧縮されても、同時に純資産も大きく減少してしまいます。これでは、何のための分析かわかりません。売りたくても売れない資産があることを、戦略的経理マンは理解しておかなければならないのです。

③　自己資本比率

安全性の最後は、自己資本比率です。貸借対照表の右側は、図4-16のように調達を表していますが、そのうち自前の資金はどれぐらいあるのかを示す指標です。自己資本とは、純資産のことです。借入が増えれば、自己資本比率は低下します。債務超過の場合は、自己資本比率がマイナスになります。

自己資本比率は、高い方が良いわけですが、何も負債のすべてが悪いわけではあり

図4-16　調達の内訳

負債
純資産

ません。資金量によって、事業の規模が決まってきます。負債の利率より高い回収率で事業ができるのであれば、借入を行って事業を大きくした方が、多くの利益を得ることができます。借入より高い利率で収益をあげることができれば、借入金により事業規模を大きくしても構わないわけです。

(8) 業界平均との比較

　収益性や効率性など、さまざまな分析手法について見てきましたが、好転か悪化かを、自社の過去の決算書と比較して判断する方法が主でした。財務分析にはもう1つ、同業他社と比較する方法もあります。事業形態がまったく同じ企業は存在しませんが、類似業態、すなわち業界の平均などと比較するのです。残念ながら、他社の決算書はなかなか手に入りませんので、ここは統計データを活用する方が手軽です。

　政府系金融機関である日本政策金融公庫が、「小企業の経営指標調査」を実施しており、取りまとめたデータを公開しています。インターネットで、「小企業の経営指標」をキーワードに検索してください。

　2024年6月現在では、以下のURLに掲載されています。

> 小企業の経営指標
> https://www.jfc.go.jp/n/findings/shihyou_kekka_m_index.html

　本書で取り上げている指標のほとんどが掲載されていますので、ぜひ一度、業界平均との比較を行ってみてください。

第 5 章

戦略的経理マンのための
損益分岐点分析と使い方

> この章では、損益分岐点について説明します。会計関係のビジネス書には、必ずといっていいほど載っている内容ですが、言葉などが難しくて苦手に思っている人が多いようです。
> 戦略的経理マンに、損益分岐点の考え方は必須です。しかし、実務で使うに当たり、注意すべき点もあります。そこで、まず基本的な知識をインプットし、実務でいかに活用していくか解説していきます。

1. 損益分岐点の考え方

ここでは、損益分岐点の基本的な知識を得るための解説をします。用語や公式がたくさん出てきますが、まずは簡単に理解できるたとえ話からスタートします。

（1）簡単なたとえ話から

私が損益分岐点を説明する際、いつも使っているたとえ話です。簡単な算数の問題になっていますので、皆さんも考えてみてください。

ある時計屋があったとします。4万円で仕入れた時計を、5万円で売る商売をしています。

【問題1】1つ売れたら利益はいくらでしょう？

これは簡単ですね。正解は1万円です。この時計屋、店は賃貸で借りているそうです。家賃は、毎月10万円です。では、

【問題2】時計をいくつ売ったら家賃が払えますか？

正解は、10個です。1つで1万円の利益ですから、10個販売すれば10万円の利益が出て、家賃を支払うことができます。他の経費がなければ、これで損得なしになります。

【問題3】そのときの売上高はいくらですか？

10個販売したのですから、売上は5万円×10個で50万円です。

しかし、これでは損得なしの状態です。時計屋は、生活費の15万円ほどは儲けたいと考えています。

【問題4】15万円の利益を得るには、全部で何個売ればいいですか？

正解は、25個です。10個分の利益10万円で家賃を支払い、残り15個分の利益15万円を自分の生活費にあてるわけです。

【問題5】そのときの売上高はいくらですか？

25個販売したのですから、売上は5万円×25個で125万円です。125万円売り上げれば、家賃も支払えるし、利益も15万円出てくるわけです。

ここまでの話が、難しすぎてわからないという方は少ないと思います。でも、これだけのことがわかれば、損益分岐点をしっかり理解できていることになるのです。

(2) 用語と公式

それでは、損益分岐点の説明です。理解しにくいのは、用語がたくさん出てくるからです。主なものに、変動費、変動費率、限界利益、限界利益率、固定費、損益分岐点の5つがあります。

まずは、変動費(率)、限界利益(率)について説明します。図5-1を見てください。

変動費は、売上に応じてかかるコストのことです。時計屋の例でいえば、時計の仕入代4万円のことです。

図 5-1　変動費と限界利益

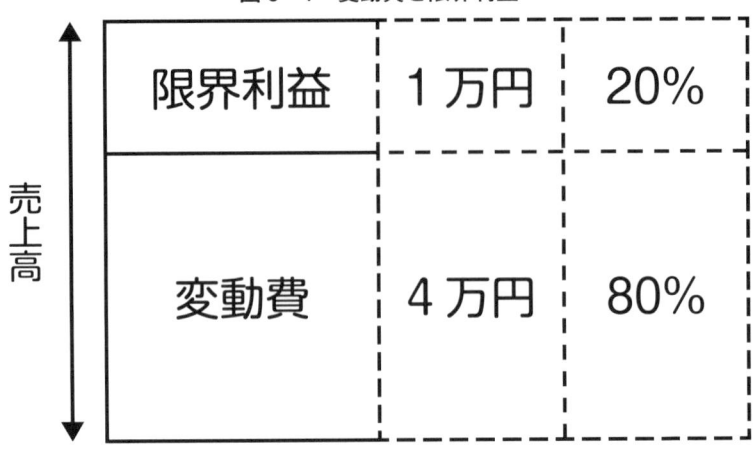

```
       ┌─────────┬───────┬──────┐
       │ 限界利益 │ 1万円 │ 20%  │
  売   ├─────────┼───────┼──────┤
  上   │         │       │      │
  高   │ 変動費  │ 4万円 │ 80%  │
       │         │       │      │
       └─────────┴───────┴──────┘
```

　変動費率は、売上の中で変動費が占める割合です。時計は売値が5万円、変動費の仕入が4万円ですから、8割が変動費になり、変動費率は80%です。

> **変動費率　=　変動費　÷　売上高**

　限界利益は、売上から変動費を差し引いて残る利益です。時計屋の場合は、1個売ったときの利益、すなわち【問題1】の答えである1万円です。

> **限界利益　=　売上高　−　変動費**

　限界利益率は、売上に対する限界利益の割合です。時計の売値が5万円で限界利益が1万円ですから、限界利益率は20%です。

> **限界利益率　=　限界利益　÷　売上高**

　続いて、固定費、損益分岐点、損益分岐点売上高について説明します。

固定費は、売上高に関係なく必要なコストのことです。時計屋の場合、家賃の10万円のことです。

損益分岐点は、利益も損失も出ていない状態です。時計屋の場合は、時計を10個販売して家賃を支払った状態といえます。このときの売上高50万円を、損益分岐点売上高といいます。損益分岐点売上高を求める公式は、以下の通りです。

$$損益分岐点売上高 = 固定費 \div 限界利益率$$

このように、損益分岐点売上高を求める公式はシンプルなのですが、なかなか頭に入ってきません。そのときは、ここで紹介した時計屋の話を思い出してください。また、この公式を図5-2のように視覚的に表すと、理解しやすいでしょう。

損益分岐点に利益を加えた場合に必要な売上高（目標売上高）は、次のよ

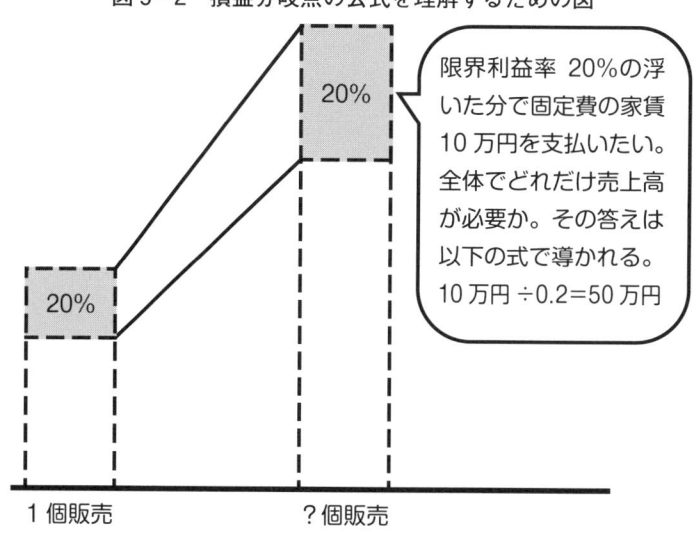

図5-2　損益分岐点の公式を理解するための図

限界利益率20％の浮いた分で固定費の家賃10万円を支払いたい。全体でどれだけ売上高が必要か。その答えは以下の式で導かれる。
10万円÷0.2＝50万円

うにして求めます。

> 目標売上高 ＝ （固定費＋目標利益）÷ 限界利益率

今回の例では、(10万円＋15万円)÷0.2＝125万円となり、103ページ【問題5】の解答と一致します。

2. コストダウンは固定費、変動費のどちらから

損益分岐点は、どこまで売上をあげれば利益が出るのかを把握するための分析手法です。しかし、戦略的経理マンにとっては、損益分岐点売上高を知ることよりも重要なことがあります。それは、損益分岐点を下げる方策を知ることです。損益分岐点を下げることは、利益が出やすい収支構造につながります。

損益分岐点を下げるためには、コストを下げなければなりません。そこで戦略的経理マンが理解しておくべきことは、固定費と変動費のどちらからコストダウンを図るべきかということです。図5−3を見てください。

図5−3　コストダウンと損益分岐点の関係

	通常	A	B
売上高	10,000	10,000	10,000
売上原価	6,000	5,000	6,000
売上総利益	4,000	5,000	4,000
販管費	3,000	3,000	2,000
営業利益	1,000	2,000	2,000
変動費	6,000	5,000	6,000
限界利益	4,000	5,000	4,000
限界利益率	0.4	0.5	0.4
固定費	3,000	3,000	2,000
損益分岐点売上高	7,500	6,000	5,000

ここでは、わかりやすくするため単位を略し、売上原価を変動費、販管費を固定費とした場合の損益分岐点分析の結果を記しています。通常パターンは、損益分岐点売上高が7,500です。それに対し、Aは売上原価、すなわち変動費を1,000だけコストダウンできました。Bは販管費、すなわち固定費を1,000だけコストダウンできました。A、Bとも1,000だけコストダウンできたのですが、両方の損益分岐点売上高を見てください。通常の7,500に対し、Aは6,000で、Bは5,000です。つまり、固定費を下げた方が損益分岐点売上高を下げることができるわけです。

損益分岐点を下げるコストダウンは固定費が有利

　それでは、目標利益を設定した場合はどうでしょうか。図5-4を見てください。

　低い利益（たとえば1,000）を目標にした場合は、損益分岐点が低いBの方がやはり有利です。一方、利益2,000を目標にした場合、売上高は同額となり、それ以上（たとえば3,000）だと、Aの方が有利になります。

　すなわち、固定費を下げると損益分岐点が下がりやすいが、目標利益に到達する売上高は高くなる場合があると理解してください。

図5-4　コストダウンと目標利益達成の関係

	通常	A	B
3,000の利益を得たい場合の売上高	15,000	<u>12,000</u>	12,500
2,000の利益を得たい場合の売上高	12,500	<u>10,000</u>	<u>10,000</u>
1,000の利益を得たい場合の売上高	10,000	8,000	<u>7,500</u>

3. 戦略的経理マンとしての損益分岐点の活用

次は、損益分岐点の活用についてです。損益分岐点売上高を求める公式を、前に紹介しました。

> 損益分岐点売上高 ＝ 固定費 ÷ 限界利益率

しかし、扱う商品によって、限界利益率は違います。複数の商品を扱う場合、この公式は使えないのです。また、費用を変動費と固定費に分けるときも、いろいろと難しい問題があります。

変動費とは、「売上に応じてかかるコスト」と説明しました。それは、売上が2倍になったら、費用も2倍になるということです。仕入販売の際の仕入価格ぐらいしか、そのようなコストは思いつきませんが、かといって、固定費ともいいきれない費用が多いのです。給与なども、売上高が2倍になったら、残業手当が2倍になるわけではありません。そこで、基本給は固定費で残業手当は変動費といった具合に、無理やり変動費や固定費に割り振ってしまうことになります。

その時点で、損益分岐点を求めることが目的となってしまい、分析はすべて数字遊びとなってしまいます。これは、「管理のための管理」であり、戦略的経理マンが絶対にやってはいけないことです。

それなら、損益分岐点など使いものにならないと思うかもしれません。そこで、先ほどの限界利益の話に戻り、戦略的経理マンが理解すべき限界利益の使い方を説明します。ただし、限界利益をそのまま使うのではなく、少し定義を変更します。

小売業の場合は仕入値、製造業の場合は材料費や外注工賃など、原価の中で社外に支払う費用を直接経費と呼びます。それ以外の経費は、すべて間接経費と呼びます。そして、限界利益を売上から直接経費を引いたものとするのです。

第5章　戦略的経理マンのための損益分岐点分析と使い方

> 限界利益　＝　売上高　－　直接コスト

　その残った限界利益で、間接経費をまかなうわけです。人件費も、基本給や残業代に分けて考えたりはしません。すべて、間接経費です。この間接経費の1年間の合計額を間接経費総額とし、図5－5のように、その総額に対して限界利益の累計が達するかどうかを管理していくわけです。

　このグラフを大きく張り出し、定期的に限界利益累計を書き足していけば、目標に対する進捗も理解しやすくなります。また、営業部門や生産部門の人たちにも限界利益について理解してもらうことはとても大切です。利益を生み出す部門の人たちに限界利益などの考え方の理解を促すことも、戦略的経理マンの大切な役割の1つです。

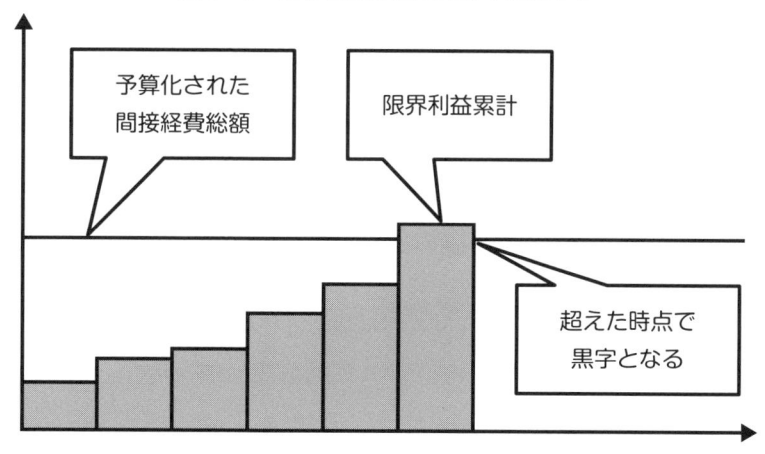

図5－5　限界利益を積み上げて管理する

（予算化された間接経費総額）
（限界利益累計）
（超えた時点で黒字となる）

第6章

企業経営のサポート役になるために

戦略的経理マンが経営のサポート役であることは、すでに説明しました。戦略的経理マンは、自社が進むべき方向性を、経営者と共有していなければなりません。そしてときには、自社の方向性について、経営者に進言する能力も求められます。

　この章では、戦略的経理マンが経営者をサポートするために必要な企業経営上の基本的な事柄について説明します。

1．経営理念とビジョン・方針・計画

　皆さんは、経営理念、経営方針、経営計画の3つの違いが明確になっていますか。よくわからないまま、何となくこれらの言葉を使っている人を見かけます。実は、それぞれ別のものなのです。そして、これらはすべてが経営にとって非常に大切なものなのです。

　それを説明するために、図6-1を用意しました。皆さんは、この図を見ながら説明を読み進めてください。

(1) 経営理念

　経営理念とは、その企業が何のために世の中に存在しているのかを表した

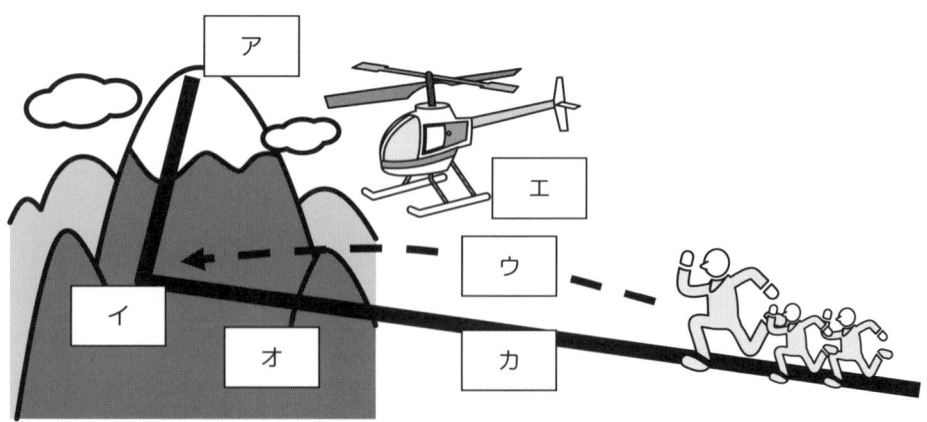

図6-1　経営理念、ビジョン、方針、計画

ものです。企業の目的ともいえます。目的は、達成するものではなく、追求していくものです。図にある高い山の頂上「ア」と考えてください。

経営理念は、大きく分けて3つの要素からなります。これら3つの要素がどういったものなのか見ていきましょう。

> どのような事業を通して顧客を喜ばせるか
> 永続する企業活動の中で守るべきものは何か
> 社会に対して、どのような関係でありたいか

① 事業と顧客

企業が永続性を保つためには、利益を必要とします。そして、利益を得るためには、誰かに有益な製品やサービスを提供しなければなりません。それが、事業という形で実現されます。

経営理念を表したもので、「顧客満足を第一に」という言葉をよく見かけます。しかし、これだけでは、経営理念としては不十分です。企業が顧客を満足させるのは、当たり前のことと思ってください。

皆さんが、食堂に入ってランチを注文したとします。味や量、接客や店の雰囲気もまあまあ良い、値段もそれ相応、それがいわゆる満足です。でも、それを「第一に」目指す企業では、物足りなく思いませんか。

企業は、顧客満足以上のものを目指さなければなりません。それは、「感動」です。「顧客の感動が私たちの喜びです」を経営理念にしてほしいのです。

私自身が感動したエピソードを、1つ紹介します。講演のために、三重県四日市市を訪れた際の話です。約束していた時間より、30分ほど早く到着しました。ちょうど散髪に行きたいと思っていたので、理髪店を探し、見つかった店の店員さんに、「20分ぐらいでいけますか」と声をかけました。すると、店員さんは満面の笑みで、「大丈夫ですよ！」と返してくれました。それから、3人ほどが私にかかりっきりでスピード対応です。行動もキビキビして気持ちよく、何より私がチラチラ時計を見ていることに気づいて、「大

丈夫です。あと〇〇分ですみますから」と何度も声をかけてくれました。そして結果は、15分で終了。私は、この15分間にとても感動しました。満足どころの話ではありません。

そのあとの講演の余談でこのエピソードを話し、インターネットのSNSでも記事を書き、夜に参加した異業種交流会の懇親会でも同じ話をしていました。心を動かされると、人はそれを誰かに話したくなります。それは、もうファンになっているからです。「満足」に満足することなく、「感動」を目指してほしいと思います。

② 会社とは何か

会社とは、「事業活動を通して、顧客に何らかの価値を提供するもの」と定義できます。では、それは誰が行うのでしょうか。経営者1人ではできませんから、社員や協力会社の力を得て行うわけです。「社員や協力会社が力を合わせ、事業活動を通して、顧客に何らかの価値を提供するもの」が会社なのです。

経営者の役割は、事業主体である社員を守ることにあります。経営者に守られているからこそ、社員は力を発揮することができるのです。そして、仕事で自らの力を発揮する社員は、職場に自分の居場所、生きがいを見い出すのです。

③ 社会との関係

企業は、社会に負担をかけながら活動しています。材料など資源を消費し、何人かの労働力を独占しています。その負担に対して、何らかの価値を提供することが必要であり、その価値は社会的に許容されるものでなくてはなりません。社会を構成する一員として、これからの社会に対して、こうありたいという意見を発信し、それが実現するよう活動することが要求されます。

企業だからといって、営利活動だけに注力していいわけではなく、広い視野で、社会との関わりを意識しながら活動していかなければなりません。

(2) ビジョン

追求する経営理念ができたとしても、それは遠い存在です。そして、表現

第6章　企業経営のサポート役になるために

も抽象的であり、目指していくものとしては、もっと具体的な目標があるべきです。それが、ビジョンです。5年後または10年後といった中長期的なビジョンを設定するのです。ビジョンは、企業の理想的な姿です。その理想に向かって、一丸となって進んでいくのです。先の図でいえば、「イ」の場所、すなわち、山の五合目あたりです。

少し話はそれますが、経営者から寄せられる相談に、「社員にやる気がない。もっと自発的に動いてほしい。どうしたらいいか」というものがあります。このような悩みを抱える企業は、とても多いと思います。しかし、その原因の多くは経営者側にあります。

人に何かを依頼するときには、目的と期限を伝えるはずです。「○○さん、○○のために必要だから、○○の作業を、○○までにお願いします」といった具合です。

目的を伝えるのは、とても大切です。依頼された側が、「○○が目的だったら、○○という方法もありますよ」と自ら考えアイデアを提供してくれるかもしれません。この自発性が、大きな付加価値を生みます。そして、期限を伝えるのは、集中させるためです。日々の生活や仕事の中で、目前に締切りが迫っていたら、集中して作業にあたると思います。それは、期限が明確だからです。図6-2のように、自発的に集中して仕事をしてもらうためには、目的と期限が必要なのです。

ビジョンとは、会社全体で掲げる理想像です。経営者も社員もひっくるめ

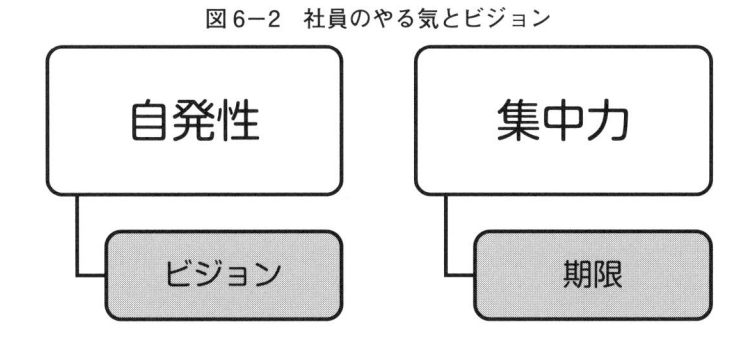

図6-2　社員のやる気とビジョン

自発性	集中力
ビジョン	期限

て、全員が理想と思える姿です。そして5年後、10年後という期限が付いているから、そこに到達しようという目的意識を持って、自ら考えながら、集中して仕事を行うことができるのです。

　経営者が期限のあるビジョンを示していないのであれば、社員がやる気を出さない原因は、明らかに経営者にあるわけです。

(3) 経営方針

　5年後、10年後の自社の理想像にどのようにして向かっていくかを表したものが、経営方針です。ビジョン達成のための作戦ともいえます。図では、「ウ」の現在地から五合目までを破線で結んだ矢印のことです。

　この山が仮に富士山だったとして、皆さんは五合目までどのようにして行きますか。歩いて登る、車で登る、あるいは図のように自社にヘリコプターがあるのなら、それでひとっ飛びで行けるでしょう。しかし、五合目にヘリポートがなければ、ヘリコプターは使えません。車で行くのがよさそうですが、雪や土砂災害などで道路が通行止めになっていないか、事前に調べておく必要があります。

　この例のように、ビジョンに向かって進む作戦を立てる際には、自社に何があり、自社のまわりはどうなっているのかを調べないと、決めようがないのです。

　そして、もう1つ大切なことがあります。経営方針はビジョンに向けての作戦だと説明しましたが、これはいいかえれば、ビジョンなき経営方針に意味はないということです。

　「わが社は、この方針で進んでいくのだ！」、「社長、どこに向かって進むのですか？」といったことにならないようにしてください。

(4) 強みと外部環境

　ここでは、経営方針のところで例にあげたヘリコプターとヘリポートについて説明します。これは、図の「エ」と「オ」にあたります。

　ヘリコプターなど、自社にあってビジョン達成に向けて有効に活用できるものを、「強み」といいます。「弱み」とあわせて内部環境と呼ぶことがあり

ますが、今の時代は、弱みの克服よりも強みを伸ばすことが大切ですので、あえて「強み」に絞り込みます。ヘリポートのように、強みを活かす環境のことを、「外部環境」といいます。この強みと外部環境について、説明していきます。

① 強み

強みとは、ビジョン達成に向けて有効に活用できるものです。ビジョンに向かって役に立たないものは、強みとはいいません。強みは、そのもとになっている経営資源と強みそのものとの2つに分けて考えるべきです。

経営資源とは、一般的に、ヒト・モノ・カネ・情報といわれ、図6-3に示す通りです。

強みそのものとは、いわば企業の競争力、競争優位性のことで、経営資源がもたらすものです。ここで、第4章の生産性のところで記載した企業の競争力の図を再度掲載します（図6-4）。

たとえば、品質の「機能性」が強みだという場合、その強みをもたらす経営資源は、「人材」、「材料」、「設備」、「特許」といったものでしょう。強みを伸ばすには、その強みをもたらす経営資源に投資することが必要です。この強みと経営資源の関係を明確にしておく必要があります。

② 外部環境

次は、外部環境です。自社のまわりで起こっていることで、ビジョンに向かう際に影響を及ぼすものです。影響を及ぼさないものは、外部環境から除いてもらってもいいですが、直接ではなく間接的に影響を及ぼす場合もありますので、よく考えてみてください。たとえば、廃棄物処理業の企業におい

図6-3　経営資源

ヒト	人材、組織、協力会社　など
モノ	材料、製品、商品、設備、建物　など
カネ	資金力、担保力　など
情報	顧客、特許や商標などの工業所有権　など

図6-4　企業の競争力

要素	意味	例
Q	品質	デザイン、機能性、効率性(資源、時間)、保守性、障害許容性、回復性、運用性、安定性　など
C	コスト・原価	購買能力、生産能力、改善能力　など
D	納期・スピード	生産能力、協力会社、5S、ワンデーレスポンス　など
S	付帯サービス	無料点検、運用メンテナンス、維持管理、ポイントシステム　など
E	環境	環境負荷低減、産廃リサイクル、環境保全　など

て、消費税増税はどう影響するでしょうか。廃棄物処理料が増額になる影響は、直接的なものです。間接的には、たとえば住宅販売が駆け込み需要で好調になれば、引っ越しなど、人や物が動く機会が増えます。ということは、不要なものを整理する機会も増え、結果的に廃棄物の処理も増えるわけです。これは、間接的な影響でしょう。

　外部環境は、考える方向が多岐にわたるため、モレなく分析することが難しいのですが、次ページに2つの一覧表を用意しました。図6-5は、業界内、地域内といった狭い範囲のミクロ環境です。図6-6は、世の中で起こっていることなど、広い範囲のマクロ環境です。この表を見ながら、項目ごとに検討してください。

　外部環境には、追い風になるものと向かい風になるものがあります。それぞれ、「機会」や「脅威」という言葉で表現されるときもあります。図6-7のように、自社の強みと機会・脅威を表にして、ビジョンに向かうための経営戦略を立案していきます。

　自分は経理部門だから、自社の強みや世の中の動きとは無関係などと考えていては、戦略的経理マンにはなれません。経営方針とは、経営戦略のことです。

図6-5　ミクロ環境

	中分類	小分類
ミクロ環境	自社の業界内の動向	国内競合他社 海外競合他社 新規参入 原材料事情 代理店や小売店などの商流 代替品の存在 業界間の競合 業界の構造 業界の市場成長性 業界全体の収益性 価格動向
	顧客や市場の動向	販売先・得意先の動向 得意先の参入動向 市場規模 生活様式 購買スタイル
	仕入や外注先の動向	供給者や仕入先の動向 仕入先の参入動向

図6-6　マクロ環境

	中分類	小分類
マクロ環境	行政や法制度	法令や税制 国家財政 地域財政 国際税制 国内税制 日米関係 日中韓関係 公共投資 規制緩和 許認可 労働政策 環境政策

	中分類	小分類
マクロ環境	環境	エネルギー問題 資源問題 地球温暖化 省資源 産業廃棄物 製品再資源化 リサイクル等3R
	社会	年齢別人口 地域別人口 出生率 高齢化 都市集中・過疎問題 外国人労働者
	インフラ	土地 住宅 インフラ整備 道路・鉄道・航空
	経済	経済や金融政策 産業構造の変化 労働市場 女性・高齢者労働力 為替、物価 地域経済 技術革新 マルチメディア インターネット 消費者ニーズ
	業界	製造業 流通業 建設業 金融業 農業 林業 水産業 情報サービス

図6-7　機会、脅威に強みを活かす

		強み
		・ ・ ・
機会	・ ・ ・	機会を活かして強みで発展
脅威	・ ・ ・	脅威を強みで避ける対処

　戦略的経理マンは、軍師でなくてはなりません。軍師は自らの軍の力はもちろん、相手の力も把握し、戦いの場の地理的な状況などを把握して、総合的に作戦を練り上げます。経営は戦いではありませんが、経営者のよき軍師となるべく、自らの会社のことをよく理解し、世の中の動きやライバル会社の動向なども把握し、ビジョンに向かってどのように進むか、経営者に提言できる力を備えなければならないのです。

(5) 経営計画

　最後は、経営計画です。図の「カ」にあたります。5年後、10年後のビジョンに向けての計画です。この計画の立案についても、注意すべき点があります。それは、現在地から進む計画を考えるべきか、目的地から遡って計画を組むべきかです。

　また1つ、たとえ話をします。私は大阪に住んでいるのですが、講演のためにいろいろなところに移動することが多く、先日は大阪から青森県の八戸に移動することがありました。前泊の予定だったので、深夜でも前日中に到着すればよかったのです。調べてみると、新幹線を乗り継ぐ方法なら、16時頃に大阪を出れば、23時過ぎに八戸に着くことがわかりました。16時に出発するためには、15時半には仕事をすませなければなりません。コンサルティング先の経営支援の準備や提案書の作成など、その日の仕事を考慮す

ると時間はぎりぎりなので、昼食は外ではなく事務所内で簡単にすませた方がよさそうです。このようにして、前日1日の計画が出来上がりました。

この例でお伝えしたかったのは、ゴールから遡って計画を組んでいることです。「○○時に到着するためには、○○時に出発→○○時に出発するためには、仕事を○○時に片付ける→そのためには、昼食は簡単にすませる」といった具合です。

しかし、経営計画の場合はどうでしょうか。「今年は売上高が○○だったから、来年は1割増しの○○。その調子なら、5年後は売上高が○○まで伸びそうだ」という考え方は、現在地から進んでいく計画ですが、経営計画では、どちらかといえばこのパターンの組み方が多いと思います。

この2つの違いが起こる原因は、意識の差にあります。ゴールに到達できることが確信できて、それまでの道筋が見えている場合、人間は逆算して計画が組めるのです。ゴールが不明確、または明確でもそこに至る道筋がよく見えていない場合は、「仕方がないから、行けるところまで行こう」と、現在地スタートの計画を組んでしまうのです。

もし、経営計画を現在地スタートでしか考えられなかった場合は、もっとビジョンを具体化し、経営方針も明確にすることに時間を費やしてください。

経営計画といっても、その内容は、行動計画、人事計画、設備投資計画などさまざまです。しかし、戦略的経理マンにとって一番重要なのは、P/L計画（損益計算書計画）とB/S計画（貸借対照表計画）の2つです。これから、この2つの計画について説明します。

① P/L計画

P/L計画の様式を、図6-8に記載しました。使い方は、以下の通りです。

まずは、直近の決算書をもとに、直近期の列を入力します。「ケ　人件費」は、売上原価の労務費、販管費の役員報酬、給与手当、賞与、法定福利費、福利厚生費、雑給などを加えたものです。「コ　減価償却費」は、売上原価や販管費の中にある減価償却費の合計です。

「サ　付加価値額」は、生産性の分析で説明した通り、「オ　営業利益」、「ケ

図6-8 P/L計画の様式

		直近期	第1期	第2期	第3期	第4期	第5期
ア	売上高						
イ	売上原価						
ウ	売上総利益						
エ	販管費						
オ	営業利益						
カ	営業外収益						
キ	営業外費用						
ク	経常利益						
ケ	人件費						
コ	減価償却費						
サ	付加価値額（オ＋ケ＋コ）						
シ	借入金の返済額						
ス	償却前経常利益（ク＋コ）						

人件費」、「コ　減価償却費」を加えたものです。「シ　借入金の返済額」は、借入返済計画などの書類を参照してください。これらの書類がない場合は、直近期とその前の期で貸借対照表の借入金がどれだけ減っているか計算し、その額と損益計算書の営業外費用にある支払利息の金額を合計したもので構いません。

「ス　償却前経常利益」は、「ク　経常利益」と「コ　減価償却費」を加えたものです。この償却前経常利益は、簡易的に営業キャッシュ・フローを計算したものです。借入金の返済は利益から行うべきなので、「シ　借入金の返済額」と比較して、「ス　償却前経常利益」の方が大きくなっているか確認してください。

直近期の入力ができたら、経営方針に従って数字を入れ込んでいきます。ここで大切なことは、5年後の理想像、すなわちビジョンに従って入れてい

図6-9　ビジョンと付加価値潜在力などの計画

		直近期	第1期	第2期	第3期	第4期	第5期
セ	付加価値潜在力						
ソ	事業内容と競争優位性						
タ	人材教育						
チ	設備投資						
ツ	5年後のビジョン						

くことです。

　そこで、もう1つの様式を準備しました。図6-9を見てください。ビジョンも忘れないようにするために、この表に書き込んでください。そして、目標とする付加価値潜在力、付加価値を生むための事業内容と競争優位性、その原動力となる人材への教育と設備投資もあわせて入力していきます。もちろん、目標である第5期から遡って入力していきます。決して、第1期から順に入れてはいけません。

　また、「コ　減価償却費」についてですが、将来の減価償却予定は、確定申告書の別表16または固定資産台帳などを確認すると計算が可能です。不明な場合は、決算処理を依頼している会計士や税理士に聞いてみましょう。それらすべてが難しい場合は、とりあえず直近期と同額を、第1期から第5期まで入れてください。途中で設備投資を行う予定がある場合には、減価償

図6-10　B/S計画（資産）の様式

		直近期	第1期	第2期	第3期	第4期	第5期
テ	現預金						
ト	売上債権						
ナ	棚卸資産						
ニ	固定資産						
ヌ	その他資産						
ネ	資産合計						

却費の額も増加しますので、注意してください。

② B/S計画

次は、B/S計画です。B/S計画は、まず資産の内容から記入していきます。その様式を、図6－10に示しました。

最初に、直近期について、貸借対照表をもとに記入してください。第1期から第5期の記入は、以下の手順で行っていきます。

先ほどのP/L計画で記入した売上高を使って、「ト　売上債権」、「ナ　棚卸資産」を記入していきます。手順としては、まず直近期の数字を使って売上債権回転率、棚卸資産回転率を求めます。その数値と第1期から第5期の売上高を使って、各期の売上債権と棚卸資産を求めるわけです。以下の計算で求めます。

> 第○期の売上債権＝第○期の売上高÷直近期の売上債権回転率
> 第○期の棚卸資産＝第○期の売上高÷直近期の棚卸資産回転率

ただし、回収条件の見直し等により、売上債権回転率を改善させる方針であれば、その改善させた売上債権回転率を使ってください。在庫整理や5S活動などにより、棚卸資産回転率を改善させる場合も同様です。

次は「ニ　固定資産」ですが、設備投資を行わないのであれば、直近期から減価償却費分だけ順に減少していきます。設備投資を行う際は、その予定の期に、その金額分を加算してください。減価償却費については、前述の「コ　減価償却費」を参照してください。「ヌ　その他資産」は、直近期と同額で構いません。

最後に残った「テ　現預金」の第1期から第5期は、そのまま空欄にしておいてください。合計欄の「ネ　資産合計」も同様です。最後に記入します。

図6-11 B/S計画（負債と純資産）の様式

		直近期	第1期	第2期	第3期	第4期	第5期
ノ	仕入債務						
ハ	借入金						
ヒ	その他負債						
フ	純資産 （ヘを除く）						
ヘ	利益剰余金						
ホ	負債純資産合計						

　資産の内容を記入したら、負債と純資産の記入に移ります。図6-11が記入様式です。資産のときと同じように、まずは直近期を記入します。
　第1期から第5期の記入は、以下の手順で行っていきます。
　「ノ　仕入債務」については、直近期の売上高と比較して対象期の売上高がどれぐらい増加したかを計算して、それと同率だけ仕入債務も増加すると考えてください。たとえば、第○期の売上高が直近期の1.5倍になっていたら、第○期の仕入債務も直近期の1.5倍にするのです。

> 第○期の仕入債務＝直近期の仕入債務×第○期の売上高増加率

　次は、「ハ　借入金」です。借入金は、返済すれば減っていきます。先に記入した「シ　借入金の返済額」から支払利息分を除いた分だけ減額させて記入してください。
　「ヒ　その他負債」は、直近期と同額で構いません。「フ　純資産」には、利益剰余金を除いた分を記入してください。すべて、直近期と同額で構いません。
　「ヘ　利益剰余金」は、直近期から将来の利益計画に応じて増減していきます。「ク　経常利益」に記入した第1期から第5期までの経常利益を、順

に加えていきます。最後に、「ホ　負債純資産合計」を計算して、記入してください。

　ここまできて、「テ　現預金」、「ネ　資産合計」の第1期から第5期を記入します。資産合計と負債純資産合計は一致するはずですから、「ネ　資産合計」には、「ホ　負債純資産合計」と同額を入れてください。すると、逆算で「テ　現預金」を計算することが可能になります。第1期から第5期まで、間違わないよう記入してください。

③　運転資金の問題

　それでは、P/L計画とB/S計画の記入例を紹介します。図6-12を見てください。わかりやすいように単位を略し、付加価値潜在力など、P/L、B/Sにない項目は、記載していません。

　この例の前提条件は、以下の通りです。
・売上高は直近10,000であったが、第5期には倍増を目指す。その間の期間は均等に伸ばしていく。
・売上原価は、売上高の50％を維持する。
・販管費は、5,000を維持する。
・営業外費用はすべて支払利息で、直近期に10,000あり、5％の利息負担がある。毎年1,000ずつ返済する計画で、それに応じて支払利息も減少していく。
・販管費の中には、減価償却費500が含まれる。
・売上債権回転率は5回とし、この値を維持する。
・棚卸資産回転率は2回とし、この値を維持する。
・固定資産は直近期10,000あり、減価償却費は前述の通り毎期500である。途中で設備投資の予定はない。
・仕入債務は売上高の10％の金額で、この値を維持する。
・借入金は、前述の通り1,000ずつ返済する予定である。

　この条件のもとに、最後の「テ　現預金」を逆算して求めてみると、第1期と第2期にマイナスの金額になってしまうことがわかりました。つまり、

資金が足りなくなるということです。第1期、第2期とも利益が出る予定なのに、どうしてでしょうか。それを説明するためには、運転資金という概念が必要です。

償却前経常利益は、簡易的に営業キャッシュ・フローを計算したものだと説明しましたが、第1期には1,050あります。この1,050がそのまま残っていれば、現預金がマイナスになることはないのですが、実は事業を営む中で、必要な運転資金が増加していたのです。

図6-12　P/L計画とB/S計画の記入例

		直近期	第1期	第2期	第3期	第4期	第5期
ア	売上高	10,000	12,000	14,000	16,000	18,000	20,000
イ	売上原価	5,000	6,000	7,000	8,000	9,000	10,000
ウ	売上総利益	5,000	6,000	7,000	8,000	9,000	10,000
エ	販管費	5,000	5,000	5,000	5,000	5,000	5,000
オ	営業利益	0	1,000	2,000	3,000	4,000	5,000
カ	営業外収益	0	0	0	0	0	0
キ	営業外費用	500	450	400	350	300	250
ク	経常利益	−500	550	1,600	2,650	3,700	4,750
ケ	減価償却費	500	500	500	500	500	500
コ	償却前経常利益	0	1,050	2,100	3,150	4,200	5,250
テ	現預金	1,000	−150	−250	700	2,700	5,750
ト	売上債権	2,000	2,400	2,800	3,200	3,600	4,000
ナ	棚卸資産	5,000	6,000	7,000	8,000	9,000	10,000
ニ	固定資産	10,000	9,500	9,000	8,500	8,000	7,500
ヌ	その他資産	1,000	1,000	1,000	1,000	1,000	1,000
ネ	資産合計	19,000	18,750	19,550	21,400	24,300	28,250
ノ	仕入債務	1,000	1,200	1,400	1,600	1,800	2,000
ハ	借入金	10,000	9,000	8,000	7,000	6,000	5,000
ヒ	その他負債	1,000	1,000	1,000	1,000	1,000	1,000
フ	純資産	1,000	1,000	1,000	1,000	1,000	1,000
ヘ	利益剰余金	6,000	6,550	8,150	10,800	14,500	19,250
ホ	負債純資産合計	19,000	18,750	19,550	21,400	24,300	28,250

運転資金の増減にかかわる要素は、売上債権、棚卸資産、仕入債務の3つです。棚卸資産を例にとると、直近期の棚卸資産は5,000 で、第1期は6,000 です。すなわち、在庫が1,000 増加しています。これは、在庫の拡充に資金1,000 を要したことを意味します。売上債権の増加も同じで、金額が増えると、回収できていない債権が増えるということですから、その間に必要な運転資金が増えます。逆に、仕入債務が減少すると、支払のために運転資金を使ったということですから、補充のためにさらに運転資金が必要になると考えてもらうとわかりやすいでしょう。

まとめると、以下の通りです。

> **売上債権、棚卸資産の増加、仕入債務の減少は運転資金の増加**

「増加」と「減少」を反転させた以下のことも重要です。

> **売上債権、棚卸資産の減少、仕入債務の増加は運転資金の減少**

今回のケースでは、売上債権が400、棚卸資産が1,000 増えています。この2つは、運転資金の増加となります。仕入債務は200 増えているので、運転資金の減少につながります。

結局、必要になった運転資金は以下の通りです。

$$400 + 1{,}000 - 200 = 1{,}200$$

さらに、借入金の返済に1,000 使いますから、合計2,200 の現預金が必要になります。しかし、直近期の現預金は1,000 で、第1期の償却前経常利益は1,050 ですから、合計2,050 しかありません。そのため、差し引き150 の

現預金マイナスとなったわけです。

売上債権の増加、棚卸資産の増加、仕入債務の減少は、運転資金の増加を招き、資金繰りが苦しくなることを覚えておいてください。

では、今回のケースはどう対処するべきでしょうか。以下の2通りの方法が考えられます。

・売上債権、棚卸資産の増加分を抑える工夫をする。すなわち、売上債権回転率、棚卸資産回転率の改善を図る。これらの具体的な方法については、

図6－13　棚卸回転率の改善を考慮した計画

		直近期	第1期	第2期	第3期	第4期	第5期
ア	売上高	10,000	12,000	14,000	16,000	18,000	20,000
イ	売上原価	5,000	6,000	7,000	8,000	9,000	10,000
ウ	売上総利益	5,000	6,000	7,000	8,000	9,000	10,000
エ	販管費	5,000	5,000	5,000	5,000	5,000	5,000
オ	営業利益	0	1,000	2,000	3,000	4,000	5,000
カ	営業外収益	0	0	0	0	0	0
キ	営業外費用	500	450	400	350	300	250
ク	経常利益	－500	550	1,600	2,650	3,700	4,750
ケ	減価償却費	500	500	500	500	500	500
コ	償却前経常利益	0	1,050	2,100	3,150	4,200	5,250
テ	現預金	1,000	136	83	1,081	3,129	6,226
ト	売上債権	2,000	2,400	2,800	3,200	3,600	4,000
ナ	棚卸資産	5,000	5,714	6,667	7,619	8,571	9,524
ニ	固定資産	10,000	9,500	9,000	8,500	8,000	7,500
ヌ	その他資産	1,000	1,000	1,000	1,000	1,000	1,000
ネ	資産合計	19,000	18,750	19,550	21,400	24,300	28,250
ノ	仕入債務	1,000	1,200	1,400	1,600	1,800	2,000
ハ	借入金	10,000	9,000	8,000	7,000	6,000	5,000
ヒ	その他負債	1,000	1,000	1,000	1,000	1,000	1,000
フ	純資産	1,000	1,000	1,000	1,000	1,000	1,000
ヘ	利益剰余金	6,000	6,550	8,150	10,800	14,500	19,250
ホ	負債純資産合計	19,000	18,750	19,550	21,400	24,300	28,250

第4章の効率性の箇所で説明ずみです。

・新たな借入を行う。

それぞれの改善策を講じた場合の計画表を見てみましょう。

図6-13の計画表は、棚卸資産回転率が2回から2.1回と5％だけ改善した場合です。また、図6-14は、借入金によって補てんした場合です。第1期に500だけ追加融資を受けた分、支払利息が増えたため、経常利益が減っています。

図6-14　借入により補てんした計画

		直近期	第1期	第2期	第3期	第4期	第5期
ア	売上高	10,000	12,000	14,000	16,000	18,000	20,000
イ	売上原価	5,000	6,000	7,000	8,000	9,000	10,000
ウ	売上総利益	5,000	6,000	7,000	8,000	9,000	10,000
エ	販管費	5,000	5,000	5,000	5,000	5,000	5,000
オ	営業利益	0	1,000	2,000	3,000	4,000	5,000
カ	営業外収益	0	0	0	0	0	0
キ	営業外費用	500	475	425	375	325	275
ク	経常利益	-500	525	1,575	2,625	3,675	4,725
ケ	減価償却費	500	500	500	500	500	500
コ	償却前経常利益	0	1,025	2,075	3,125	4,175	5,225
テ	現預金	1,000	325	200	1,125	3,100	6,125
ト	売上債権	2,000	2,400	2,800	3,200	3,600	4,000
ナ	棚卸資産	5,000	6,000	7,000	8,000	9,000	10,000
ニ	固定資産	10,000	9,500	9,000	8,500	8,000	7,500
ヌ	その他資産	1,000	1,000	1,000	1,000	1,000	1,000
ネ	資産合計	19,000	19,225	20,000	21,825	24,700	28,625
ノ	仕入債務	1,000	1,200	1,400	1,600	1,800	2,000
ハ	借入金	10,000	9,500	8,500	7,500	6,500	5,500
ヒ	その他負債	1,000	1,000	1,000	1,000	1,000	1,000
フ	純資産	1,000	1,000	1,000	1,000	1,000	1,000
ヘ	利益剰余金	6,000	6,525	8,100	10,725	14,400	19,125
ホ	負債純資産合計	19,000	19,225	20,000	21,825	24,700	28,625

2．方針と投資戦略

　企業が掲げるビジョンは、自社のあるべき姿、理想像です。この理想と現状の差異が問題点であり、問題点を解決するために行うべきものが課題です。私は、経営者と企業の方針について検討するとき、いつも次のような話から入っていきます。

> ・まず、今思いつくものだけでいいので、問題点をいくつか挙げてください。
> ・そして、それらの問題点がすべて解決し、さらに利益が出て資金的に余裕があるとしたら、何をしたいですか？

　この質問をすると、ものづくりを行う企業の経営者からは、「機械設備を新しくしたい」、「工場を新たに作りたい」、「技術者の育成をしたい」といった回答が返ってきます。小売業の場合は、「取り扱うアイテムを増やしたい」、「海外に販売してみたい」、「接客技術を高めたい」などが多い回答です。
　これらの答えに共通している点は、経営者が理想や夢を語っているところです。「問題点がすべて解決し、資金的に余裕があるとしたら…」は、読み替えると、「理想を語っていいのなら…」なのです。この答えに、経営者が考える企業の方向性を見い出すことができます。
　強みと外部環境についての話の中で、強みをもたらすのは経営資源であり、強みを伸ばすことは経営資源に投資することだと説明しました。弱点克服のためではなく、あくまで強みを伸ばす投資を行ってください。戦略的経理マンとして、ビジョンや経営方針を理解し、自社が何に投資すべきで、その資金は利益から調達できるのか融資が必要なのか、広い視野で分析し、意見を持つことが大切なのです。

3. 利益と投資のスパイラル

　ここまで、経営理念、ビジョン、経営方針、経営計画の重要性について説明してきました。強みを伸ばすためには投資が必要であり、投資のためには利益が必要です。そして、強みを伸ばすことができれば、さらに利益を得ることができます。図6-15を見てください。この循環を、「利益と投資のスパイラル」と呼びます。これまで説明したことは、このスパイラルを使って表すことができます。3つのスパイラルの要素を整理していきましょう。

（1）利益

$$売上 － 費用 ＝ 利益$$

　この式は、何度も登場しています。利益を生まなければ、新しい投資は行うことができません。第2章で、売上を伸ばすためには、掛け算で考えるといいと説明しました。見込客の数を増やし、購買率を高め、客単価を上げていく方法です。それらの改善策を実行するためには、資金が必要です。広告

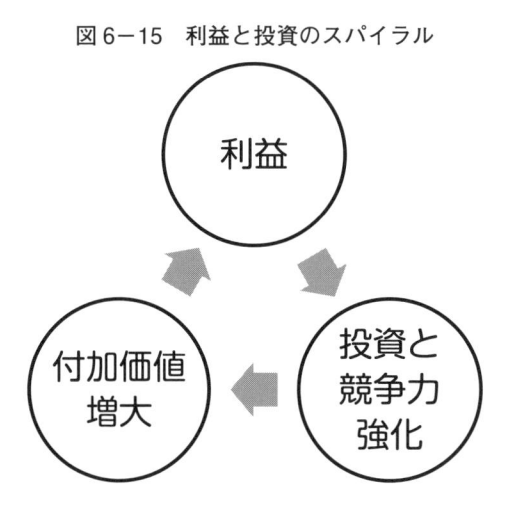

図6-15　利益と投資のスパイラル

宣伝費などの経費が、それにあたります。

　利益を上げるためには、費用を抑えなければなりませんが、ムダな費用は抑えて、必要な費用はどんどん使うメリハリが大切です。売上原価や販管費を抑える方法については、すでに説明してきました。もう一度前に戻って、復習してみてください。

(2) 投資と競争力強化

　投資は、企業の競争力を強めるために実施します。自社の競争力とは何か、そして、その競争力をもたらしている経営資源は何かを分析しなければなりません。競争力は、Q（品質）、C（コスト・原価）、D（納期・スピード）、S（付帯サービス）、E（環境）の5要素に分類されると、第4章で説明しました。また、その競争力の源泉である経営資源は、ヒト・モノ・カネ・情報に分類されます。強みを明らかにして、関与している経営資源に投資してください

(3) 付加価値増大

　投資によって高められた競争力は、企業の付加価値を増大させます。いい方をかえれば、競争力を強めた企業は、付加価値を増大させるべきなのです。

　付加価値の増大は、営業利益の増大と一致します。ただし、人件費や減価償却費の削減による営業利益の増大は意味がありません。ムダなコストを省いたうえで、売上の増加を考えます。そして、利益率の高い事業を行っていかなければなりません。

　競争力が高まれば、価格競争を避けることができます。どこでも買える製品やサービスではなく、あなたのところでしか買えない製品・サービスになっているはずだからです。競合が少なくなれば、価格競争を行う必要はありません。次なる投資に必要な利益を確保するために、高い利益率を設定できるのです。

　こうして付加価値が増大すれば、より高い利益を獲得するために、スパイラルは最初の要素に戻ります

（4）スパイラルはどこへ向かうのか

図6-16　スパイラルの先

　利益を上げ、競争力強化のために投資を行い、付加価値を増大させる。そのスパイラルを回し続けることが大切です。そして、スパイラルを回しながら、上昇していかなければなりません。では、スパイラルは、上昇しながらどこに向かっていくのでしょうか。

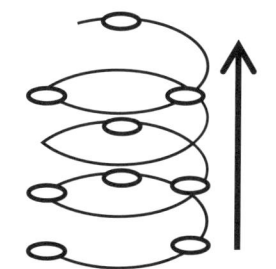

　この章の内容をよく理解していれば、もうおわかりだと思います。スパイラルは、上昇しながら経営理念を追求し、その先の目標であるビジョンに向かっていきます。

　スパイラルの要素ごとに考えれば、ビジョンに盛り込むべき項目を整理することができます。まず盛り込むべき要素は、以下の4つです。

```
利益目標
投資する経営資源
強化したい経営資源
付加価値または付加価値潜在力
```

　これらの要素ごとに、検討してビジョンに盛り込むべき内容を、図6-17にまとめました。

　もちろん、これら4つの要素以外にも自社の理想の姿として盛り込みたい項目があれば、入れて構いません。全社員で海外旅行に行くなど、モチベーションが上がる要素を入れると、皆がビジョンに対して興味を持つようになるでしょう。

　ただし、書いたら有言実行です。達成されなければ、ビジョンは単なる絵に描いた餅になります。もし、海外旅行に行けなかったとしても、それは経営者だけの責任ではありません。

図6-17 ビジョンに盛り込む要素

- 利益目標
  - ・利益額目標（営業利益または経常利益）

- 投資する経営資源
  - ・ヒト：人材、組織、協力会社　など
  - ・モノ：材料、製品、商品、設備、建物　など
  - ・カネ：資金力、担保力　など
  - ・情報：顧客、特許や商標などの工業所有権　など

- 強化したい競争力
  - ・Q（品質）：デザイン、機能性、効率性（資源、時間）、保守性、障害許容性、回復性、運用性、安定性　など
  - ・C（コスト・原価）：購買能力、生産能力、改善能力　など
  - ・D（納期・スピード）：生産能力、協力会社、5S、ワンデーレスポンス　など
  - ・S（付帯サービス）：無料点検、運用メンテナンス、維持管理、ポイントシステム　など
  - ・E（環境）：環境負荷低減、産廃リサイクル、環境保全　など

- 付加価値または付加価値潜在力
  - ・付加価値額＝営業利益＋人件費＋減価償却費
  - ・付加価値潜在力＝労働生産性 × 従業員数 ×（退職年齢－平均年齢）

　ビジョンは、皆の目標です。全員で達成に向けて努力すべきで、達成できなければ、経営者だけでなく社員全員の責任なのです。

第7章

キャッシュ・フロー経営と簡易キャッシュ・フロー計算書の作成

> 　売上、利益、現金の3つのうち、一番重要なものは現金です。利益は、現金を絶やさないために必要で、その利益を得るために、売上が必要なのです。その一番大切な現金、キャッシュをしっかり管理していくのが、キャッシュ・フロー経営です。
> 　この章では、キャッシュ・フロー経営のポイントを解説しつつ、ほとんどの企業では作成されないキャッシュ・フロー計算書の簡易的な作り方を紹介します。

1. キャッシュ・フロー経営とは

　キャッシュ・フロー経営とは、何なのでしょうか。現金、キャッシュを管理することが、キャッシュ・フロー経営であることには違いありません。

　キャッシュ・フロー経営は、多くの場合、「現金が足りなければ倒産するから」という予防的な目的で語られます。しかし、私はもっと前向きな目的でキャッシュ・フロー経営が重要だと考えています。ここでは、その重要性について説明していきます。

(1) キャッシュ・フロー経営で投資に必要なキャッシュを確保する

　「利益と投資のスパイラル」とは、利益を確保し、競争力強化のために投資を行い、付加価値を増大させることでした。これをシンプルに捉えれば、「利益を確保して、投資する」となりますが、本来、投資を考えるときは、「利益を確保して」ではなく、「資金（キャッシュ）を確保して」となるはずです。

　利益と資金は、同じものではありません。この誤解を解くことが、キャッシュ・フロー経営の第一歩です。「利益」と「資金（キャッシュ）」の違いを意識しながら、利益と投資のスパイラルを違う図式で表してみました。図7－1を見てください。

　利益の確保と投資の間に、資金の確保があります。資金の確保には金融から矢印が伸びていますが、利益から得られた資金で不足する場合には、金融機関から資金調達をすることが多いためです。必要な資金が得られたら、自

図7-1 利益と投資のスパイラル

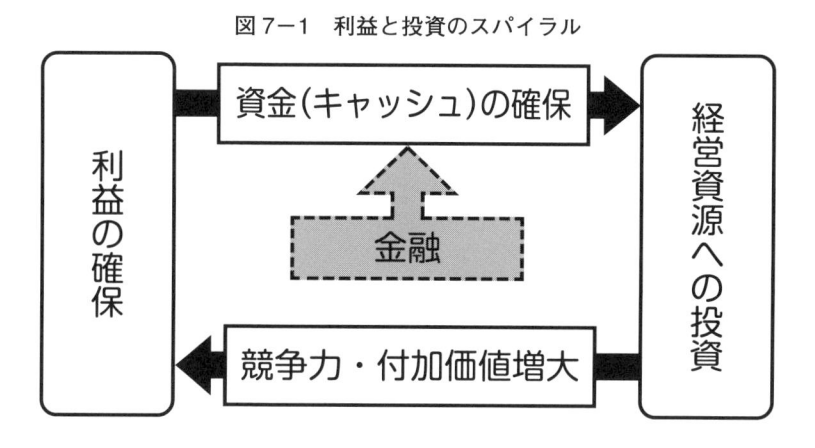

[図：利益の確保 → 資金(キャッシュ)の確保 → 経営資源への投資 → 競争力・付加価値増大 → 利益の確保（金融が資金確保を支える）]

社の競争優位性のもととなっている経営資源へ投資をします。そして、競争力が高まり、付加価値が増大します。

このように考えれば、キャッシュ・フロー経営とは、投資に必要なキャッシュを得ることだとわかります。それは、戦略的経理マンの役割である「進むべき道を整える」ことに直結することなのです。

(2) 利益とキャッシュの違い

利益とキャッシュの計算式を、再度掲載します。

```
利益    = 売上 - 費用
現金の増減 = 収入 - 支出
```

この2つの式は、無関係ではありません。売上と収入、費用と支出には、密接な関係がありました。その関係をボックス図で表したものが、図7-2です。売上は回収しなければ収入とならず、費用は支払わなければ支出にならないのです。

(3) 企業活動と利益、キャッシュの増減

ここでは、さまざまな企業活動が、利益やキャッシュにどのような影響を与えているのかまとめてみます。

図7-2 売上と収入、費用と支出の関係

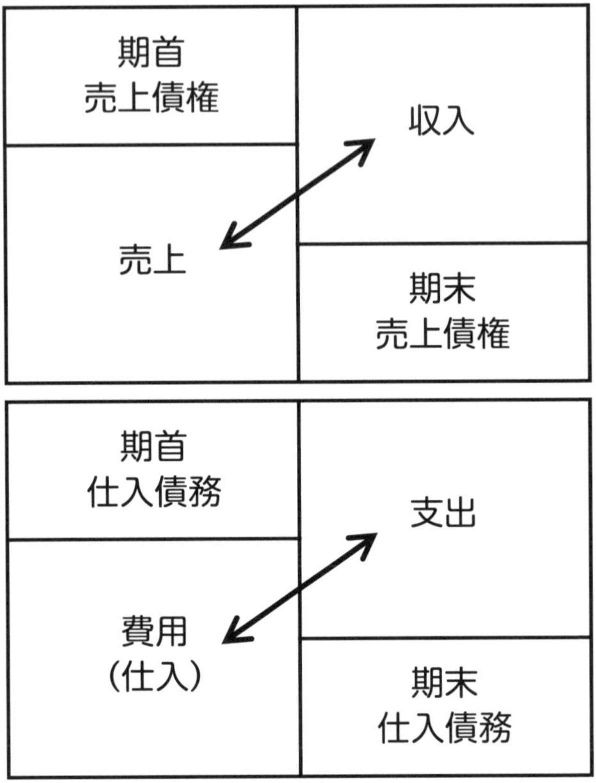

| 期首売上債権 | 収入 |
| 売上 | 期末売上債権 |

| 期首仕入債務 | 支出 |
| 費用（仕入） | 期末仕入債務 |

① 売上高の増加

売上高の増加は、特別な事情がなければ利益の増加をもたらします。回収により、キャッシュの増加にもつながります。

② 売上原価の減少

コストダウンなどで売上原価を減少させることができると、利益が増加します。コストダウンに伴って支出を減らすことができれば、キャッシュも増加します。

③ 販管費の減少

販管費の減少は、売上原価の減少と同様に考えてください。利益が増加し

ます。支出を減らすことができれば、キャッシュも増加します。

④ 減価償却費の減少

　売上原価、販管費共通の注意点として、支出の減少を伴わないコストダウンでは、キャッシュの増加になりません。減価償却費を減少させることは、その代表例といえます。減価償却費を減らすことは利益の増加につながりますが、キャッシュの増加にはつながりません。減価償却費の減少により利益が増加し、納税額が増えれば、むしろキャッシュの減少につながります。

⑤ 売上債権の減少

　売上債権の減少は、特殊な場合を除けば、債権を回収したと考えられますから、キャッシュの増加となります。また、債権の回収は売上や原価とは関係がありませんので、利益に増減はありません。

　特殊な場合というのは、たとえば、貸倒れとなって損失を計上する場合です。得意先の倒産などによって回収が困難となったときに、売上債権を減額させ、その分、貸倒損失を計上するのです。その場合、利益は減少します。損失といっても、何か支出をしたわけではありませんので、キャッシュに増減はありません。

⑥ 仕入債務の減少

　仕入債務の減少は、買掛金などの支払を行ったわけですから、キャッシュはマイナスです。売上や原価とは関係がありませんので、利益の増減はありません。

⑦ 在庫の減少

　在庫の減少は、特殊な場合を除いて、在庫の商品が売れたと考えるべきでしょう。売上につながり、最終的にはキャッシュの増加につながります。また、必要な在庫量の削減と考えれば、不要な仕入がなくなるわけですから、キャッシュは増加すると考えても結構です。

　在庫の減少の特殊なケースは、2つあります。在庫の陳腐化により評価額が減少する場合と、災害や盗難などにより在庫量が減少してしまう場合です。どちらも、評価損や減耗損として損失を計上しますので、利益は減少します。

損失といっても、支出は伴いませんので、キャッシュに増減はありません。

⑧　土地・設備の購入

　土地や設備の購入は投資ですから、キャッシュが減少します。しかし、購入した土地や設備が固定資産として計上されますので、費用とはなりません。そのため、利益の減少にはつながりません。

⑨　土地・設備の売却

　土地・設備の売却は、売値の分だけキャッシュを増加させます。帳簿上の価額より高く売却できれば売却益を計上し、低ければ売却損を計上します。売却益であれば利益が増え、売却損の場合は利益が減少します。

⑩　設備の除却

　売却ではなく、廃棄する場合はどうでしょうか。設備を廃棄する場合は、除却損を計上します。帳簿上の価額が０になりますから、その分を除却損として計上し、利益が減少します。廃棄するために必要な経費などを除けば、キャッシュに増減はありません。

⑪　金融機関からの借入

　金融機関から借り入れた場合はどうでしょうか。融資を受けただけではコストは発生しませんから、利益に変動はありません。キャッシュは、もちろん増加します。将来的には、借入が増えているわけですから、支払利息が増え、利益やキャッシュが減少します。

⑫　金融機関への返済

　返済により、キャッシュが減少します。借入金の返済を費用と勘違いしている人が多いのですが、費用にはなりません。ですから、利益は変動しません。将来的には、返済により借入金が減少し、支払利息が減ります。その分、利益やキャッシュが増加します。

⑬　配当金の支払

　配当金とは、企業が得た利益を株主に還元するものです。配当金の支払は、費用とはなりませんので、利益は変化しません。キャッシュは、もちろん減少します。この流れを図で表すと、図７－３の通りです。

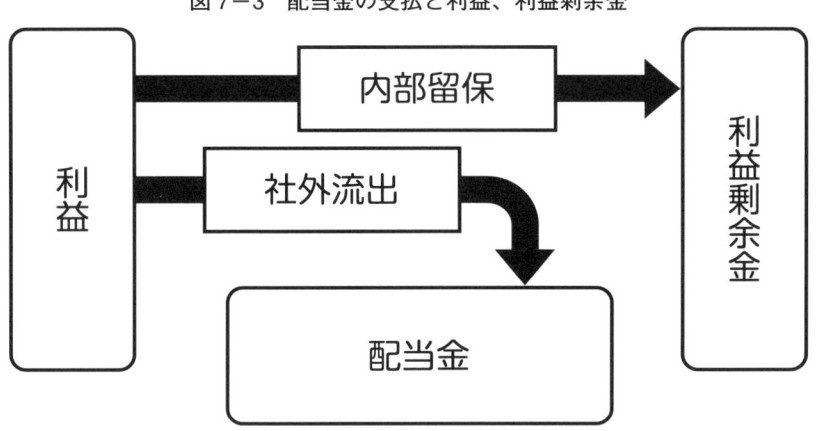

図7-3　配当金の支払と利益、利益剰余金

図7-4　企業活動と利益、キャッシュの増減

	項目	利益	キャッシュ
1	売上高の増加	増加	増加（回収）
2	売上原価の減少	増加	増加
3	販管費の減少	増加	増加
4	減価償却費の減少 ※税額アップによりキャッシュが減少する場合もある	増加	増減なし※
5a	売上債権の減少（回収）	増減なし	増加
5b	売上債権の減少（貸倒）	減少	増減なし
6	仕入債務の減少	増減なし	減少
7a	在庫の減少（販売・削減）	増加	増加
7b	在庫の減少（評価損など）	減少	増減なし
8	土地・設備の購入	増減なし	減少
9	土地・設備の売却 ※簿価＜売価⇒増加　簿価＞売価⇒減少	※	増加
10	設備の除却	減少	増減なし
11	金融機関からの借入	増減なし	増加
12	金融機関への返済	増減なし	減少
13	配当金の支払	増減なし	減少

それでは、これまでの①〜⑬の説明を、一覧表にまとめてみましょう。図7-4を見てください。

この表のうち、まずはキャッシュの増加を伴う活動に重きを置いてください。もちろん、経営方針と照らし合わせながら実施することを忘れてはいけません。

2. 簡易キャッシュ・フロー計算書の作成

キャッシュ・フロー経営には、キャッシュ・フローを表す資料が不可欠です。それが、キャッシュ・フロー計算書です。ここからは、キャッシュ・フロー計算書を得るための主な方法を紹介します。

(1) 会計ソフトの活用

皆さんの会社で会計ソフトを利用している場合は、キャッシュ・フロー計算書の作成機能が付いていないか確認してみてください。主な会計ソフトには、このような機能が付いています。作成するための操作方法などは、マニュアルを参照してください。

(2) 会計士・税理士へ依頼

もう1つの方法は、決算処理などを依頼している会計士・税理士に依頼する方法です。会計の専門家であれば、損益計算書と貸借対照表からキャッシュ・フロー計算書を作成することができます。追加料金を請求されるかもしれませんが、一度相談してみてください。

(3) 自分で作成

最後は、自ら作成する方法です。キャッシュ・フロー計算書は、損益計算書と貸借対照表があれば作成することができます。ただし、正確なものをきちんと作成するには、知識も時間もかかります。ここでは、簡単に作成する方法を紹介したいと思います。

① 貸借対照表の比較だけで求める方法

まずは、一番簡単な方法です。図7-5のように、2期分の貸借対照表を用意します。この図では、わかりやすいように単位を略し、2期分の値を並

図7-5　2期分の比較貸借対照表

	01年	02年		01年	02年
現預金	10	12	仕入債務	20	18
売上債権	15	20	借入金	20	22
棚卸資産	18	10	純資産	23	25
固定資産	20	23	（当期利益）		(2)
合計	63	65	合計	63	65

べて記載していますが、机に並べて置くだけでも大丈夫です。

　作成するキャッシュ・フロー計算書は、簡易的なものです。誤差もありますし、項目もシンプルです。しかし、管理会計は正確さよりもスピードが大切です。この方法だと、慣れれば5分もかけずに作成できますので、ぜひやってみてください。それでは、手順を説明していきます。

　求めたいのは、「営業活動によるキャッシュ・フロー」、「投資活動によるキャッシュ・フロー」、「財務活動によるキャッシュ・フロー」の3つと、それらの合計である「現金及び現金同等物の増加額」です。すなわち、図7-6のような簡易キャッシュ・フロー計算書です。

　（ア）から（エ）にそれぞれの値が入るのですが、Ⅳの「現金及び現金同等物の増加額」から順に求めていくため、あえて下から（ア）としています。

（ア）現金及び現金同等物の増加額

　　まずは、簡易キャッシュ・フロー計算書の合計欄である最下部を求めます。現金及び現金同等物、すなわち、現預金がどれだけ増えたかを求める

図7-6　簡易キャッシュ・フロー計算書

Ⅰ	営業活動によるキャッシュ・フロー	（エ）
Ⅱ	投資活動によるキャッシュ・フロー	（ウ）
Ⅲ	財務活動によるキャッシュ・フロー	（イ）
Ⅳ	現金及び現金同等物の増加額	（ア）

のです。本来、ⅠからⅢと順に計算して合計を求めるべきですが、現預金の額は貸借対照表に記載されているので、どれだけ増えたか一目瞭然です。この例では、01年度に10であったものが、02年度には12になっており、2増えています。ですから、(ア) に入るのは「＋2」です。

(イ) 財務活動によるキャッシュ・フロー

次は、財務活動によるキャッシュ・フローです。財務活動とは、金融機関とのやりとりですから、貸借対照表には借入金として表されています。借入金は、01年度の20から02年度は22となっており、2増えています。借入金が増えるということは、新たに借入をしているわけですから、キャッシュは2増えています。借入の増加なのでマイナスと思いがちですが、(イ) に入るのは「＋2」です。

(ウ) 投資活動によるキャッシュ・フロー

3つ目は、投資活動によるキャッシュ・フローです。投資活動とは、設備などへの投資のことで、貸借対照表では固定資産として表されています。固定資産は、01年度の20から02年度は23となっており、3増えています。ここで注意すべきは符号です。「＋3」と「－3」を間違えないようにしてください。固定資産が3増えているということは、3だけ投資をしたということです。つまり、投資にキャッシュを3だけ使ったわけですから、(ウ) に入るのは「－3」です。

(エ) 営業活動によるキャッシュ・フロー

最後は、営業活動によるキャッシュ・フローです。正攻法で求めようとすると、一番難しいキャッシュ・フローなのですが、簡易式の場合は簡単

図7-7　営業活動によるキャッシュ・フローを求める

Ⅰ	営業活動によるキャッシュ・フロー	(エ)
Ⅱ	投資活動によるキャッシュ・フロー	－3
Ⅲ	財務活動によるキャッシュ・フロー	＋2
Ⅳ	現金及び現金同等物の増加額	＋2

図7-8 完成したキャッシュ・フロー計算書

Ⅰ	営業活動によるキャッシュ・フロー	+3
Ⅱ	投資活動によるキャッシュ・フロー	-3
Ⅲ	財務活動によるキャッシュ・フロー	+2
Ⅳ	現金及び現金同等物の増加額	+2

に求めることができます。これまでの結果を確認してみましょう。図7-7を見てください。

ⅠからⅢまでの合計がⅣです。すでに、Ⅱ、Ⅲ、Ⅳの値がわかっているわけですから、逆算すれば求められます。（エ）に入るのは「3」です。

これで、簡易キャッシュ・フロー計算書ができました。図7-8のようになります。

② 営業活動のキャッシュ・フローを分解する

この例では、営業活動によるキャッシュ・フローは3でした。営業活動によるキャッシュ・フローがプラスになるのは良いことですから、プラスになった理由を突き止め、来期以降にも活かしていきたいものです。その理由は、何なのでしょうか。

貸借対照表の中で、営業活動のキャッシュ・フローに影響する項目は、以下の4つです。

・利益（利益剰余金）：2
・売上債権の増減：5の増加
・棚卸資産（在庫）の増減：8の減少
・仕入債務の増減：2の減少

今回の貸借対照表では、どうなっているでしょうか。売上債権、棚卸資産（在庫）、仕入債務の増減が、キャッシュ・フローに与える影響はすでに説明しました。まとめると、図7-9のようになります。

合計が、ちょうど営業活動によるキャッシュ・フローと一致していることを確認してください。

今回の例では、棚卸資産の減少が、営業活動によるキャッシュ・フローに大きく寄与していることがわかります。在庫削減の努力が表れたのでしょうか。売上債権の増加を防ぐことができれば、もっと改善できたので残念です。しかし、「在庫削減のための活動を継続し、売上債権の増加を抑える工夫をする」という今後の方向性が得られました。

図7-9 営業活動によるキャッシュ・フローの内訳

利益	+2
売上債権の増加	−5
棚卸資産の減少	+8
仕入債務の減少	−2
合計	+3

それでは、営業活動によるキャッシュ・フローの内訳を付け加えた簡易キャッシュ・フロー計算書を記載しておきます。図7-10を見てください。

③ 減価償却費を考慮に入れる

これまで、2期分の貸借対照表を使って簡易キャッシュ・フロー計算書を作成してきました。これは簡単にできましたが、どうしても誤差が生じます。そこで、誤差を抑えるために、もう一歩改良していきます。それは、減価償却費を考慮するというものです。設備などの固定資産が多く、減価償却費が大きい企業の場合は、必ずこの改良を行ってください。

手順としては、まず損益計算書から減価償却費の値を調べてください。売上原価と販管費の内訳のところに記載されています。両方にある場合は、合

図7-10 完成したキャッシュ・フロー計算書1

Ⅰ	営業活動によるキャッシュ・フロー	+3
	利益	+2
	売上債権の増加	−5
	棚卸資産の減少	+8
	仕入債務の減少	−2
Ⅱ	投資活動によるキャッシュ・フロー	−3
Ⅲ	財務活動によるキャッシュ・フロー	+2
Ⅳ	現金及び現金同等物の増加額	+2

図7-11 完成したキャッシュ・フロー計算書2

	営業活動によるキャッシュ・フロー	+4
Ⅰ	利益	+2
	売上債権の増加	−5
	棚卸資産の減少	+8
	仕入債務の減少	−2
	減価償却費	+1
Ⅱ	投資活動によるキャッシュ・フロー	−4
Ⅲ	財務活動によるキャッシュ・フロー	+2
Ⅳ	現金及び現金同等物の増加額	+2

計してください。

　今回の例で、仮に減価償却費が1だったとします。減価償却費の計上は、営業活動のキャッシュ・フローを増加させます。しかし、営業活動のキャッシュ・フローを1増やして「+4」としてしまうと、Ⅰ、Ⅱ、Ⅲの合計がⅣとなる構造が崩れてしまいます。どうすればいいでしょうか。

　ここで注目すべきは、投資活動によるキャッシュ・フローです。固定資産は、01年度が20で02年度は23でした。そこで、単純に3だけ増えたと判断しましたが、減価償却費を1計上しているのですから、投資した金額は3ではなくて4のはずです。

　すなわち、減価償却費の分だけ投資活動によるキャッシュ・フローを引けばいいわけです。−3から1を引いて「−4」です。それでは、完成形を紹介しましょう。図7-11を見てください。

3. キャッシュ・フローの分析

　第4章の財務分析のところで後回しにした、キャッシュ・フローに関する分析指標を紹介します。

(1) フリー・キャッシュ・フロー

利益と投資のスパイラルとは、利益で得たキャッシュをもとに競争力を高める投資を行う流れであることを説明しました。利益で得たキャッシュとは、営業活動によるキャッシュ・フローを意味し、競争力を高める投資とは、投資活動によるキャッシュ・フローのことです。

営業活動によるキャッシュ・フローが足りなければ、融資などで補います。融資とは、財務活動によるキャッシュ・フローのことです。借入を増やさないためには、可能な限り投資は営業活動によるキャッシュ・フローで行うべきです。それができているか判定するために、営業活動によるキャッシュ・フローと投資活動によるキャッシュ・フローの合計をフリー・キャッシュ・フローと呼んで管理するのです。

分析指標	計算式	意味
フリー・キャッシュ・フロー	営業活動によるキャッシュ・フロー＋投資活動によるキャッシュ・フロー	投資が本業で得たキャッシュで行われているかを表す。

フリー・キャッシュ・フローがプラスであれば、本業で得たキャッシュの範囲内で投資が行われていることを表します。マイナスであれば足りないこととなり、現預金の残高が減少し、場合によっては借入による補てんが必要になります。

(2) キャッシュ・フロー・マージン

キャッシュ・フロー・マージンは、売上高営業利益率のキャッシュ・フロー版ともいうべき指標です。営業利益のかわりに、営業活動によるキャッシュ・フローを使って計算します。

企業経営には、利益よりもキャッシュの方が重要です。営業活動によるキャッシュ・フローに影響を及ぼす利益、売上債権、棚卸資産、仕入債務について、注意深く管理することが必要です。

分析指標	計算式	意味
キャッシュ・フロー・マージン	$\dfrac{\text{営業活動によるキャッシュ・フロー}}{\text{売上高}} \times 100(\%)$	売上高からキャッシュ・フローが得られる割合を示す。

4. キャッシュ・フロー改善のポイント

　キャッシュ・フロー経営は、投資に必要な資金を得る活動であり、長期的な視野が必要です。そして、資金繰りには、毎月のキャッシュの残高を管理するという短期的な視野が必要です。戦略的経理マンにはどちらの視野も必要ですが、この2つに共通なのは、キャッシュを増やす方策を理解し実践できることが重要な点です。

　キャッシュを増やす方策については、これまでにもさまざまな箇所で説明してきましたが、ここで主要な8つの方策についてまとめておきます。戦略的経理マンとして、頭の中に入れておいてください。

(1) 売上債権の減少

　売上があっても回収できていなければ、売上債権が増えるだけです。回収してはじめて収入となり、キャッシュが増加します。売上債権を減少させる方策については、第4章の売上債権回転率の説明の箇所に記載していますので、参照してください。この改善は、営業活動のキャッシュ・フローに寄与します。

(2) 棚卸資産（在庫）の減少

　棚卸資産を減少させることも、キャッシュ・フローを改善させます。必要な在庫量を削減することが、ムダな仕入を抑えることにつながるほか、評価損や減耗損などにより利益を圧縮し、税額を減少させることも可能です。減少させる方法については、第4章の棚卸資産回転率の解説を参照してください。この改善は、営業活動のキャッシュ・フローに寄与します。

(3) 固定資産の減少

　固定資産は、売却、再評価、除却することにより減少させることができ、キャッシュ・フローを改善させます。売却によりキャッシュを得ることは、直接的なキャッシュを生みますが、評価損、除却損などにより利益が減少すると税額も減るため、間接的にキャッシュを生みます。売却、再評価、除却については、第4章の固定資産回転率の解説を参照してください。この改善は、投資活動のキャッシュ・フローに寄与します。

(4) 減価償却費の増加

　これは、減価償却費の額を意図的に変更させるという意味ではありません。減価償却費を計上することは、支出を伴わない費用を計上することです。結果的に、資金が内部留保されることになります。

　また、景気対策などの施策により、一括償却や特別償却を行うことができれば、通常の償却額より多くなります。この場合も、もちろん内部留保につながります。この改善は、営業活動のキャッシュ・フローに寄与します。

(5) 仕入債務の増加

　仕入債務を増加させることは、仕入先や協力業者への支払を溜めることにつながるので、お勧めできません。業界平均より良い支払条件で契約することは、仕入債務を減少させることにつながり、キャッシュ・フローとしては逆効果です。しかし、仕入先や協力業者にとっては、支払は好条件であってほしいはずです。そうした企業に優良な仕入先や協力業者が集まってくることを考えれば、無理をして相手に不利な条件に変更することもありません。この改善は、営業活動のキャッシュ・フローに寄与します。

(6) 負債の増加

　金融機関からの借入は、財務活動によるキャッシュ・フローを改善させます。借入をする際にも、なるべく条件の良い融資を利用すべきで、国や自治体が行っている制度融資の活用もその1つです。また、金融機関と試算表や資金繰り表をもとに定期的に情報交換を行っておくことも大切で、事前に有利な融資の情報を提供してくれることもあります。

(7) 資本の増加

資本の増加とは、増資のことを指します。増資は、財務活動のキャッシュ・フローに寄与します。株式を発行して、資金調達をする方法です。

(8) 利益の増加

売上があっても回収できていなければ、売上債権が増えるだけです。売上は、回収してはじめて収入となります。費用も同じで、請求された段階では仕入債務であり、支払った段階で支出となります。これらの関係には、時間の経過があります。ですから、キャッシュ・フロー経営には、タイミングの管理も必要です。その際に利用するものが、資金繰り表です。

5. 資金調達

キャッシュ・フロー経営について説明してきたこの章の最後は、資金調達です。戦略的経理マンには、必要な資金を適切なタイミングで調達する能力が不可欠です。

(1) 運転資金

運転資金は、日々の事業活動を行うために必要な資金です。売上拡大による売上債権や棚卸商品の拡大に伴って、運転資金は増大します。

ここで、1つ検討したい事例があります。売上拡大に伴い、運転資金が増加した事例です。

【事例の概要】……………………………………………………………………

C社に、大手上場企業であるS社から新規取引の打診がきました。支払条件は既存業者より悪いようですが、C社としては、何とか取引を開始したいと考えています。

●S社が提示した取引条件

月末締めの翌月末払。半分は現金で、残りの半分は60日先が支払日と設定された手形となる。

●C社の他の取引条件

月末締めの翌月末払。

C社の売上・原価状況　　　（月商、単位：百万円）

	S社	既存顧客
売上高	80	100

※原価率は同じで概ね30％程度、棚卸資産回転率は概ね5回（年間）

　取引を開始するにあたって、C社が注意すべき点は何でしょうか。それは、売上拡大に伴う仕入拡充のために必要な資金の調達です。図7−12を見てください。

　C社は、S社との取引開始に備えて、在庫を拡充するところから開始です。拡充すべき在庫の量は、どれぐらいでしょうか。

　月商が80ですから、年間で80×12＝960の売上が見込めます。棚卸資産回転率が5回とあります。これは、いい方をかえれば、売上の5分の1程度の棚卸資産、すなわち在庫を持っているということです。それだけの在庫を確保しておかなければ、欠品などの問題が発生するのでしょう。S社との取引では、年間960の売上増が見込めるのですから、それに合わせて在庫を豊富にしておかなければなりません。同じ棚卸回転率として拡充すべき量は、960÷5＝192です。

　この図では、取引開始の1ヵ月前から準備のための仕入発注を行っていま

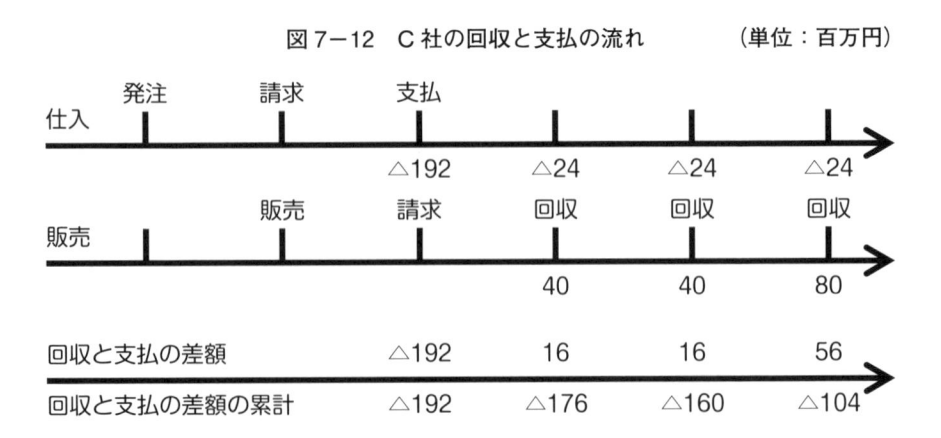

図7−12　C社の回収と支払の流れ　　　（単位：百万円）

仕入	発注	請求	支払			
			△192	△24	△24	△24
販売		販売	請求	回収	回収	回収
				40	40	80
回収と支払の差額			△192	16	16	56
回収と支払の差額の累計			△192	△176	△160	△104

す。1ヵ月後に仕入先から請求され、その1ヵ月後に支払を行っています。「△192」と書かれた箇所です。その翌月からは、「△24」となっています。それは、S社への販売に伴って必要となる在庫の補充です。月商80で原価率は30％ですから、販売された商品に対する売上原価は、80×0.3＝24です。その分だけ、在庫が減っているはずですから補充するわけです。ここまでが、仕入の流れです。

販売の方はどうでしょうか。仕入拡充の翌月から販売を開始します。その1ヵ月後に請求し、その翌月に半分だけ回収します。「40」と記載された箇所です。その翌月も同じです。半分だけの「40」しかありません。しかし、最初の回収から2ヵ月後には手形分の40が加わりますから、計「80」の回収ができるようになります。

上記の回収と支払の差額とその累計も、図に記載してあります。発注をした2ヵ月後が一番資金を必要とするところで、相応の資金調達が必要になるわけです。その1ヵ月後から差額はプラスに転じるので、返済に充てることも可能でしょう。

この例の場合は、S社から打診があったとき、経営者に「取引開始にあたって、192百万円の運転資金を事前に調達しておく必要があります」と進言すべきなのです。

運転資金の調達先となる金融機関と、月次で試算表と資金繰り表を共有しておき、将来の資金需要について、常日頃から話し合っておくことが必要です。運転資金は、月次ベースで管理していきましょう。

(2) 資金繰り管理

　資金の管理を行うことで、将来の資金予測を立てることができます。不足する場合は、金融機関に早めに相談して、スムーズに資金調達を行いましょう。そしてもう1つ、借入金を減らすことができないかを検討してみてください。返済は毎月行っているはずですから、そのままでも借入金は減少していくはずです。減らない理由は、運転資金等が足りなくなって、新たな借入を行うからです。そうならないためには、資金繰り管理が必要です

それは、手元にある現預金が、今後どのように増減するのかを管理するもので、一般には図7−13のような表を使います。過去の実績をもとに、このような資金繰り表を作ってみてください。1年分ほど作成すれば、年間のお金の流れがわかりますので、次は来月からの3ヵ月分ほどを予想してみてください。次月繰越がその月の月末残高になりますが、この金額が心もとな

図7−13　資金繰り表の様式例

		年　月	年　月	年　月
前月繰越				
収入	現金売上			
	売掛金の回収			
	受取手形の期日入金			
	前受金の入金			
	その他の入金			
	収入合計			
支出	現金仕入			
	買掛金の支払			
	支払手形の期日決済			
	未払金の支払			
	人件費の支払			
	その他の支払			
	支出合計			
差引過不足				
財務収支	借入			
	手形割引			
	設備投資			
	借入金返済			
次月繰越				

いと、新たな借入が必要になってきます。そうならないように調整するわけです。「回収を早められないか」、「仕入を遅らせることはできないか」、「手形を割引にするとどうなるか」といったことを検討して、予想の見直しを図ります。これで乗り切れれば、新たな借入は不要です。このように管理していかなければ、借入金を減らすことは難しいのです。

　戦略的経理マンに大切なのは、資金繰り表の作成ではありません。その表を使って、資金繰り改善のための方策を検討し、実行していくことです。

　それでは、資金繰り管理の例を使って、検討すべき方策を考えてみましょう。図7－14を見てください。

　この例では、わかりやすいように単位を略し、空欄の項目は省略しています。今が3月として、4月からの半年間の資金繰り予定を入力してみました。4月の最初の資金残高は、1,000となっています。4月末は700です。順調に推移しているようですが、7月末の残高が200となる見込みで、少々心配です。そこで、金融機関に、7月に資金が不足しそうだと、今の時点で伝えておくのです。今は3月で、4ヵ月先の資金需要ですから、余裕を持って進めることが可能です。もしかしたら、「6月に借りておいた方が金利は有利だ」

図7－14　資金繰り表の入力例

		4月	5月	6月	7月	8月	9月
前月繰越		1,000	700	1,100	1,200	200	800
収入	売掛金の回収	1,000	1,500	1,000	500	1,500	1,000
	収入合計	1,000	1,500	1,000	500	1,500	1,000
支出	買掛金の支払	1,200	1,000	800	1,400	800	800
	支出合計	1,200	1,000	800	1,400	800	800
差引過不足		－200	500	200	－900	700	200
財務	借入						
	借入金返済	－100	－100	－100	－100	－100	－100
次月繰越		700	1,100	1,200	200	800	900

といった情報を提供してくれるかもしれません。

7月に500だけ借り、その返済を50ずつ翌月から行っていく場合の新しい資金繰り表は、図7-15のようになります。

これで、向こう半年の資金繰りは安心です。しかし、大切なのはこれからです。金融機関に7月の資金需要についての相談をすませたら、この7月の

図7-15　7月に借入500を行った場合

		4月	5月	6月	7月	8月	9月
前月繰越		1,000	700	1,100	1,200	700	1,250
収入	売掛金の回収	1,000	1,500	1,000	500	1,500	1,000
	収入合計	1,000	1,500	1,000	500	1,500	1,000
支出	買掛金の支払	1,200	1,000	800	1,400	800	800
	支出合計	1,200	1,000	800	1,400	800	800
差引過不足		-200	500	200	-900	700	200
財務	借入				500		
	借入金返済	-100	-100	-100	-100	-150	-150
次月繰越		700	1,100	1,200	700	1,250	1,300

図7-16　8月の売掛金回収の一部を前倒しした場合

		4月	5月	6月	7月	8月	9月
前月繰越		1,000	700	1,100	1,200	700	800
収入	売掛金の回収	1,000	1,500	1,000	1,000	1,000	1,000
	収入合計	1,000	1,500	1,000	1,000	1,000	1,000
支出	買掛金の支払	1,200	1,000	800	1,400	800	800
	支出合計	1,200	1,000	800	1,400	800	800
差引過不足		-200	500	200	-400	200	200
財務	借入						
	借入金返済	-100	-100	-100	-100	-100	-100
次月繰越		700	1,100	1,200	700	800	900

借入を回避できないか検討するのです。

　資金繰り表を確認すると、7月は売掛金の回収が少なく買掛金の支払が多いため、差引過不足が-900と大きな値となっています。そして、翌8月は売掛金の回収が1,500もあります。このうち、500だけでも7月中に回収できないか検討してみます。借入をなしにして、8月の売掛金回収を500だけ7月に持ってきます。図7-16を見てください。

　この計画が実行できれば、7月に融資を受ける必要はありません。8月の回収を7月に持ってくるために、その前工程をそれぞれ早められないか考えます。たとえば、以下の4つのことを検討します。

> 請求を早められないか
> 納品を早められないか
> 発注を早くもらえないか
> 契約の支払条件を見直しできないか

　このように、借入を行わないですむ手立てを常に考えてください。運転資金のための借入をなくす（減らす）ことは、借入枠に余裕を作り、このあと説明する設備資金の調達を行いやすくするのです。

(3) 設備資金

　設備資金は運転資金に比べ、もっと長期的な視野に立って調達すべきものです。ビジョン、経営方針、経営計画に照らし合わせながら、どのタイミングで資金が必要となるか整理します。

　第5章の経営計画の箇所で説明したように、P/L計画（損益計算書計画）とB/S計画（貸借対照表計画）を使いましょう。B/S計画の固定資産の箇所に、設備投資の予定を書き込みます。その分だけ、現預金が減少します。足りなければ、借入が必要になるわけです。

　中小企業向けに、毎年さまざまな補助金が公募されています。それらの中には、設備資金の補てんに使えそうなものもあります。戦略的経理マンとし

て、こうした補助金の情報をはじめ、さまざまな支援施策の情報は集めておくべきです。中小企業基盤整備機構が運営する「中小企業ビジネス支援サイトJ－Net21」では、支援情報のメールマガジンを発行していますので、購読することをお勧めします。

> 中小企業ビジネス支援サイト J－Net21
> https://j-net21.smrj.go.jp/

（4）社債という選択肢

　資金調達の主流は、金融機関からの借入ですが、他に社債という手段もあります。金融機関からの資金のもとは、預金者からの預金です。金融機関を通して、その預金を借りているのです。それを、間接金融といいます。

　社債は、間接金融ではなく、直接金融です。資金を持っている人や企業から、直接お金を借りようとするものです。調達したい資金の金額、返済時期、利率など、条件を定めて、資金を調達します。

　一般の社債は、発行手続きが難しいですが、中小企業向けに少人数私募債という制度があります。少人数の縁故者や取引先に対して発行する社債のことです。ただし、以下のような条件があります。

　　・社債を引き受ける人（社債権者）は50名未満であること
　　・社債権者の中に、プロの投資家がいないこと
　　・社債総額を最低額面で除した数が50未満であること　など

　少人数私募債は、手軽に発行できるうえ、直接金融を行っていること自体が企業の信頼性向上にもつながります。資金調達の手段として、ぜひ検討してください。

終章

まとめ
──戦略的経理マンからの提案書

> これまで、戦略的経理マンに必要な知識や考え方を説明してきました。ここで、情報リテラシーという言葉の意味を思い出してください。情報収集や分析は、意思決定のためにあります。経営者とともにビジョンに向かって進む戦略的経理マンとしては、分析結果から問題点を洗い出し、改善の提案をしていく必要があります。
> この章では、そうした提案の方法や様式について説明し、本書のまとめとします。

1. 戦略的経理マンからの提案書

序章で説明したように、経理の仕事とは、企業が経営理念を追求し、永続性を確保するために、その進むべき道を整えることです。未来へと続く道を整えるための提案書を作って、経営者に進言しましょう。

作るべき提案書は、毎月のペースで作成する月次提案書と、年に1度、決算をもとに作成する年次提案書の2種類があります。

(1) 提案書を作るうえでの注意事項

作成する提案書のボリュームは、月次、年次問わず、A4サイズ1枚です。それに、添付資料が付きます。A4サイズ1枚に限定している理由は、以下の2点です。

> 負荷を減らし、スピードを上げる
> ムダな記載を徹底的に省く

1枚に限定しておけば、記入すべき分量が少ないので、早く作成することができます。月次提案書は、試算表が完成したらすぐに作成に取りかかりましょう。半日あれば十分です。年次提案書も、決算書が完成したらすぐに取りかかります。こちらも、半日あれば十分です。逆にいえば、半日でできるように環境を整えるべきです。提案には、スピード感が大切です。

そして、もう1つ大切なのは、本質を突くことです。見栄えなどを気にして、見もしないグラフや記述を増やしても仕方がありません。A4サイズ1枚に収めるためには、ムダなことは書けません。慣れていないと、ムダなことを書かないよう頭をひねり、時間がかかってしまいます。しかし、要点をまとめる訓練だと思って、1枚だけというルールを守ってください。

(2) 月次提案書

それでは、月次提案書から見ていきます。本書のサイズはA5ですので、見開きでちょうどA4のサイズになります。

提案書は、最初に結論を書きます。すなわち、「今月の提案」からです。分析から何を考えたか、問題点は何か、そして提案は何かを記入します。問題点、提案については、わかりやすく箇条書きにして、3つに絞って記入してください。

次は、試算表から分析した結果を書きます。分析分野ごとに、代表となる指標の今月と前月の値を比較します。また、問題点や提案のもととなった「注目指標」の名称と今月、前月の値も記入します。注目指標も、それぞれ1つに絞りましょう。

3つ目は、月次簡易キャッシュ・フローです。会計ソフトなどを使って出力できる場合は、該当項目だけ抜粋して記入してください。なければ、第7章で紹介した手法にて自分で作成してください。

4つ目は、資金繰り予定表です。これも、第7章で作成方法を説明していますので、参照しながら記入していってください。

月次提案書は、短期的視野で作成することがポイントです。5年先のビジョンを踏まえて、日々の事業を行ううえで問題がないか、簡潔にまとめてください。

提案書ができたら、経営者に見せながら説明してください。時間は、30分もあれば十分でしょう。最初は時間がかかるかもしれませんが、慣れてきたら簡潔に伝えるようにしてください。

そして大切なことは、前月の提案事項がどうなったかを確認すること

月次提案書の例

月次提案書

1. 今月の提案
   (1) 分析結果からの考察

   (2) 問題点
      ・
      ・
      ・

   (3) 提案
      ・
      ・
      ・

2. 試算表による分析結果

分野	指標	今月/前月	注目指標	今月/前月
全体	総資本経常利益率	％		％
		％		％
収益性	売上高経常利益率	％		％
		％		％
効率性	総資本回転率	回		回
		回		回
生産性	労働生産性	円		円
		円		円
安全性	自己資本比率	％		％
		％		％
キャッシュ・フロー	フリー・キャッシュ・フロー	円		円
		円		円

3. 月次簡易キャッシュ・フロー

Ⅰ	営業活動によるキャッシュ・フロー	
	利益	
	売上債権の増加	
	棚卸資産の減少	
	仕入債務の減少	
	減価償却費	
Ⅱ	投資活動によるキャッシュ・フロー	
Ⅲ	財務活動によるキャッシュ・フロー	
Ⅳ	現金及び現金同等物の増加額	

4. 資金繰り予定表

		年　月	年　月	年　月
前月繰越				
収入	現金売上			
	売掛金の回収			
	受取手形の期日入金			
	前受金の入金			
	その他の入金			
	収入合計			
支出	現金仕入			
	買掛金の支払			
	支払手形の期日決済			
	未払金の支払			
	人件費の支払			
	その他の支払			
	支出合計			
差引過不足				
財務収支	借入			
	手形割引			
	設備投資			
	借入金返済			
次月繰越				

5. 添付資料一覧

　　試算表、他の分析結果

年次提案書の例

年次提案書

1. 今年度の考察と次年度への提案
   (1) 分析結果からの考察

   (2) 問題点
      ・
      ・
      ・

   (3) 提案
      ・
      ・
      ・

2. 長期的視野に立った分析

指標	今年度	1期前	2期前	3期前	4期前
売上高					
経常利益					
経常利益率					
付加価値額					
利益剰余金					

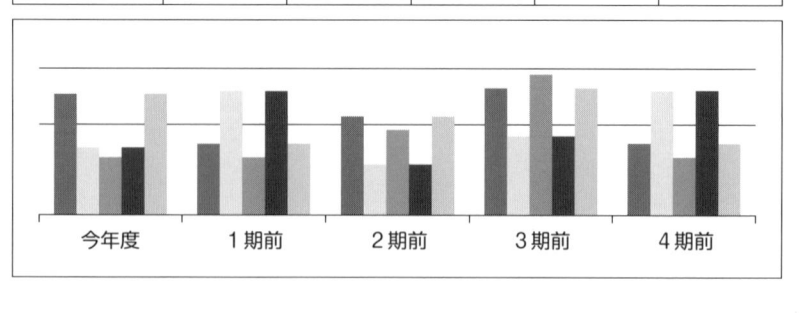

3. 決算書による分析結果

分野	指標	今年度/前年度	注目指標	今年度/前年度
全体	総資本経常利益率	％		％
		％		％
収益性	売上高経常利益率	％		％
		％		％
効率性	総資本回転率	回		回
		回		回
生産性	労働生産性	円		円
		円		円
安全性	自己資本比率	％		％
		％		％
キャッシュ・フロー	フリー・キャッシュ・フロー	円		円
		円		円

4. 簡易キャッシュ・フロー

Ⅰ	営業活動によるキャッシュ・フロー	
	利益	
	売上債権の増加	
	棚卸資産の減少	
	仕入債務の減少	
	減価償却費	
Ⅱ	投資活動によるキャッシュ・フロー	
Ⅲ	財務活動によるキャッシュ・フロー	
Ⅳ	現金及び現金同等物の増加額	

5. 添付資料一覧

　　決算書、他の分析結果

す。提案事項は、企業にとって宝物です。その宝物がどうなったかを、経過観察していくことが大切です。もちろん、すべての提案が受け入れられるわけではありません。却下されても構わないのです。ただし、結果がどうなったか、必ず確認するようにしてください。

(3) 年次提案書

次は、年次提案書です。月次提案書と同じように、A4サイズ1枚で作成します。

最初は、やはり結論からです。考察と提案から書いてください。問題点、提案も3つずつです。

2つ目は、「長期的視野に立った分析」です。直近5年間の経過を分析します。指標には、売上高、経常利益、経常利益率、付加価値額、利益剰余金の5つを掲載しています。ここは、アレンジしても構いません。ただし、利益剰余金は企業の歴史そのものですので、外さないようにしましょう。借入負担を減らす方針を描いている場合は、自己資本比率を指標に加えるといいでしょう。この分析は、視覚的にもわかりやすくするために、グラフを付けてください。p.166の例では、仮のグラフを入れています。

3つ目は、決算書による分析結果です。月次提案書と様式は同じです。

4つ目も、月次提案書と同じく、簡易キャッシュ・フロー計算書となります。

月次提案書にあった資金繰り表は載せません。それは、年次提案書が中長期的な視野に立った、ビジョン達成に向けた提案書だからです。

2. 最後に

これまで、戦略的経理マンになるために必要なことをお伝えしてきました。学習を終えたら、次は実践です。実践しなければ、学習に費やした時間が、すべてムダになってしまいます。

実践する目的は、戦略的経理マンとしての役割を果たすためです。企業が経営理念を追求し、ビジョンを目標に進んでいく。その活動を、経理の専門家として支えるのです。

終章　まとめ—戦略的経理マンからの提案書

　そして、もう1つ目的があります。経営とは、社員を守ることともいえます。その「守る」ための活動は、社員自らが行うのです。経営者は、目指すべき目標を定め、全社一丸となって進もうとする風土を育てなければなりません。戦略的経理マンは、1人の社員として自らが守られると同時に、経営者を支える一員として、自らと社員を守るのです。それは、とても尊いことです。ですから、やりがいと誇りを持って取り組んでほしいのです。

　「多くの時間を費やす『仕事』が尊いものであって、やりがいや誇りにあふれている」——1人の人間として、そうした人生を歩んでほしいと心から願っています。

　経理の本に「人生」は大げさに聞こえるかもしれません。それでも、私は皆さんに心からそうあってほしいと願ってこの本を書きました。本書が、皆さんの人生を素晴らしいものにする一助になれば、これほど幸せなことはありません。

　最後までお読みいただき、ありがとうございました。

●著者紹介

安田勝也（やすだかつや）
1971年生まれ。システム開発会社勤務を経て、2005年に安田コンサルティングを創立。その後、2019年に株式会社パールを設立。企業の経営戦略立案や販路開拓等の支援に従事しつつ、日本全国で経営や決算関連のセミナー・研修の講師を務める。中小企業診断士、行政書士。
https://pearl2019.com

2014年7月22日　第1刷発行
2024年7月16日　第3刷発行

ゼロからの戦略的経理マン養成講座

Ⓒ著　者　安　田　勝　也
　発行者　脇　坂　康　弘

発行所　株式会社 同友館

〒113-0033 東京都文京区本郷2-29-1
TEL.03 (3813) 3966
FAX.03 (3818) 2774
URL　https://www.doyukan.co.jp/

乱丁・落丁はお取替えいたします。　　三美印刷／松村製本所
ISBN 978-4-496-05071-8　　　　　　　Printed in Japan